# ゲッターズ飯田の占いよりも大切な話

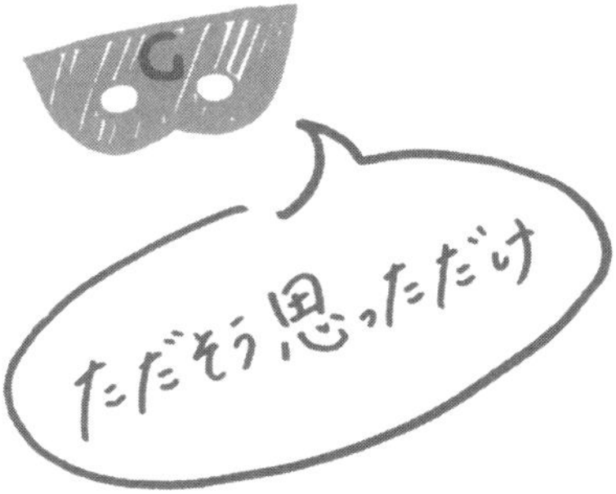


ゲッターズ飯田 著

KODANSHA

# 占いよりも大切な話
## はじめに

「ただ、そう思っただけ」
そんなことをほぼ毎日ブログに書き始めて、もう12年以上経ちます。
はじめはmixiで書き始め、その後はアメブロで書き続け、タイトルは「所詮占いですから」と、占い師とは思えないタイトルとよく言われました。
テーマは「一発書き」。書き始めから最後の「ただ、そう思っただけ」まで書き切れたらアップすることを目標にやっているので、途中で止まってしまったり、書き切れないときは消すことにしています。
多いときで40〜50回書き直しているときもあれば、1回で書けるときもあります。

沢山の人を占いたいのが本音ですが、それも限界があるので、
「これ読んでおいて」
と思ったアドバイスとしての読み物も多くなっています。

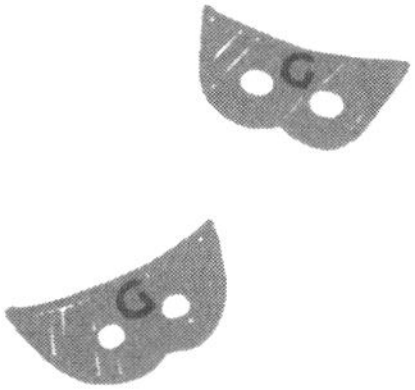


この本の中でも、同じようなことを伝えていますが、不思議と同じようなことでも書き方や角度が少し変わるとすーっと飲み込めたり、逆に受け入れにくくなる場合もあるように思います。読み比べてみると新たな発見があることもあるような気がしています。

この本は、ブログの中から200篇を抜き出し、加筆や修正をして作っています。

占いよりも大切な、生き方や考え方などをまとめた本ですが、1から順番に読む必要はなく、また、一気に読むような構成にもなっていないので、できれば1日1話読むくらいのペースとか、ランダムにどれか1ページを読むのがいいと思います。

おまけのGトークンを使って、偶然選ばれたページを楽しみながら読んだり、そのページがそのときに縁があるものだと思って読んで頂けたらいいと思います。

また、「ただ、そう思っただけ」も毎回ですと、くどくなってしまうので、基本的にはカットしています。皆さんの心の中で「ただ、そう思っただけ」と思って頂けたら幸いです。

僕は、占いをこれまで25年続けており、無償で6万人以上を占っている中で、占いのデータの蓄積、技術の研究や勉強はもちろんやってきましたが、では「本当に運気や運だけの問題なのか？」と、考え続けてもきました。

たとえば、僕の占いは偶然出会った人や紹介された人を占うことが多いのですが、無料だからといって「こんにちは」「よろしくお願いします」など、挨拶もお礼も言わない人に、本当に同じ恋愛運が来るのか？

当然ですが、挨拶ができて愛嬌のある人の方が、いい占い結果は当たります。

逆にどんなに運気が良くても占いが当たらない人の多くは、人間性や生き方や考え方に問題があり、問題があることに気がついていない人が多いのです。

お礼も、挨拶も、感謝も、愛嬌もなく、それでどうして他人から助けてもらえたり、協力してもらえるのか。己が自分の人生を真剣に考えないで、自分だけのことしか見えていない人が多かったと感じています。

それではせっかくの占いが役立たない。

占いが当たらなくなってしまうことが多く、占いをする前に、まずは考え方、生き方を少しでも変えて欲しいのです。このタイプは、どうすると良いのか。何をすべきかもわかっていない人がいることがわかったので、日々書くようになりました。

ここに書かれている多くのことは「当たり前」「当然」「知っている」と、理解している人も多いと思いますが、理解しているからといって、では実際にそのように行動ができているのかどうかが問題で、本当に納得しなければ人は変わりません。

知っているからといってできるわけでもなく、わかっている

からといって日々できるわけではないことが多いのです。
残念ながら僕もその一人なので、感謝の気持ちを日々忘れてはいけないと思いながら、ついつい自分のことを優先で考えてしまうこともあり、反省を繰り返しながら、人のためにどう生きて何が役立つのかを思い続けるように心掛けています。
この本を読んで
「知ってますから」
だけで終わらせないで、何度も何度も読んで、心に留めて、己の生活が変わるようになるまで読んでみてください。

世の中にはいろいろな本があり、良い本が沢山あります。
人生を良くするには、本を読んで知識を入れる。でもそれを知恵にするためには行動と経験が必要になります。
この本に限らず、「読んでおしまい」にしないようにしてください。
「人生は実験であり、人生はお試し」だと思って、多少の失敗は当然だと思って何度も挑戦してみてください。

また、継続することも忘れないようにしてください。

こう伝えると「連続」だと勘違いする人が多いのですが、連続と継続は大きく違います。

なんとなくでいいので、この本の200篇を1〜2年掛けて読んでみたり、1週間で4〜5ページでもいいので、読む習慣を身につけてみてください。

「ただ、そう思っただけ」の僕のブログを、皆さんがどう「ただ、そう思っただけ」にしないのか。

大きなきっかけにはならないかも知れませんが、人生はどんなことからも学んで、成長できるものです。自分の人生は自分で前向きに、何よりも楽しめるように工夫して、日々を送ってください。

皆さんの笑顔のヒントになる本にして頂けたら幸いです。

ゲッターズ飯田

# この本の読み方

**本書『占いよりも大切な話』には200の話が収録されています。**
**その一話一話に1～200までの数字を割り振りました。**

このページでは、「仕事や人生をもっと良くしたいあなたのための占いよりも大切な話」「人間関係に自身が持てないあなたのための占いよりも大切な話」「恋愛のあなたのための占いよりも大切な話」「お金のあなたのための占いよりも大切な話」4つのテーマ別に、どの話を読めばいいかを掲載しました。本書の途中には「占いよりも大切な話ナビ」として、より細かい用途別に、各話を分類してあります。どこから読むのもあなた次第。このページとナビを活用して、どこからでも好きなところから読み始めてください。

**4大テーマは、この数字（各話の番号）で探してください**

## 仕事や人生をもっと良くしたい
## あなたのための占いよりも大切な話

1,4,6,9,14,15,18,22,27,31,32,36,42,43,47,50,51,53,54,55,56,
64,65,67,70,71,75,76,79,80,83,85,88,89,90,94,95,97,101,105,108,
109,111,114,116,117,119,121,123,126,128,130,134,135,
137,139,146,147,148,152,155,157,159,161,168,173,176,177,
181,185,187,189,191,194,196,197,198,199,200

## 人間関係に自信が持てない
## あなたのための占いよりも大切な話

2,5,11,19,23,24,28,35,37,44,
45,52,59,60,61,66,68,72,77,82,87,
91,92,96,98,99,104,106,110,
112,113,115,120,124,
127,129,131,133,136,138,
140,142,144,145,149,150,
151,153,156,158,162,164,165,
166,167,169,172,174,178,179,184

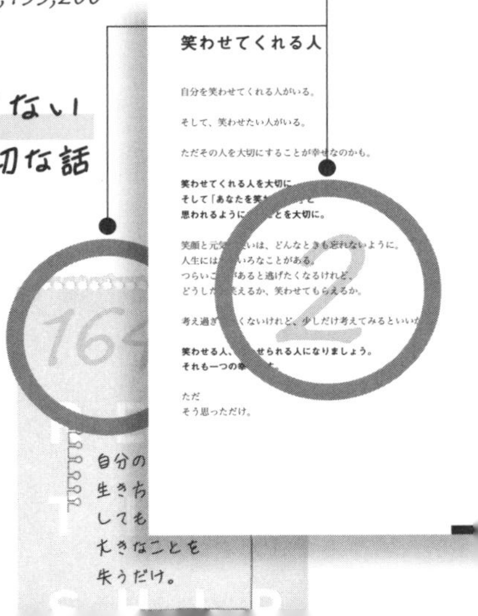

笑わせてくれる人
自分を笑わせてくれる人がいる。
そして、笑わせたい人がいる。
笑わせる人、
それも一つの
ただ
そう思っただけ。
2
164
大きなことを
失うだけ。

## 恋愛の
## あなたのための占いよりも大切な話

3,8,12,16,20,25,29,33,38,39,41,46,48,58,62,69,73,78,81,86,93,
100,102,103,107,118,122,125,132,141,143,154,160,163,170,
175,180,182,183,186,188,190,192,195

## お金の
## あなたのための占いよりも大切な話

7,10,13,17,21,26,30,34,40,49,57,
63,74,84,171,193

**大切な話ナビは、ページ数で探してください。**

## 占いよりも大切な話ナビ

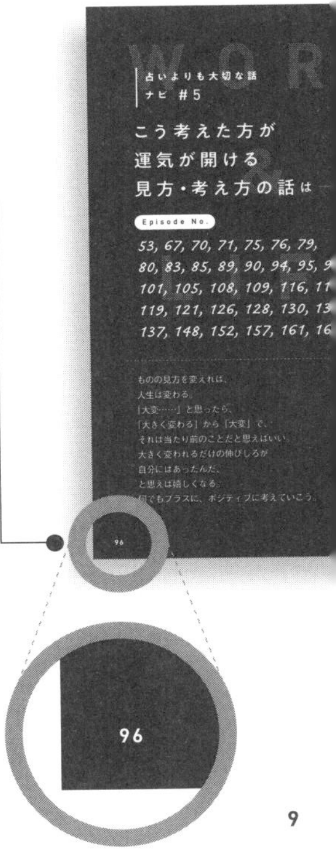

占いよりも大切な話
ナビ #5
こう考えた方が
運気が開ける
見方・考え方の話は
Episode No.
53, 67, 70, 71, 75, 76, 79,
80, 83, 85, 89, 90, 94, 95,
101, 105, 108, 109, 116,
119, 121, 126, 128, 130,
137, 148, 152, 157, 161,
ものの見方を変えれば、
人生は変わる。
「大変……」と思ったら、
「大きく変わる」から「大変」で、
それは当たり前のことだと思えばいい。
大きく変われるだけの伸びしろが
自分にはあったんだ、
と思えば嬉しくなる。
何でもプラスに、ポジティブに考えていこう。
96
96

［おまけ］楽しくて運気があがる

# Gトークンの楽しみ方

**本書巻末に付いている「Gトークン」は、**
**以下のような楽しみ方ができます。ここに掲載されている**
**使い方に限らず、自分の星座、友達の星座、好きな人の星座など、**
**好みのGトークンを自由に使って楽しんでください。**
**気持ちが前向きになり、なんだか楽しくなってくるはず！**

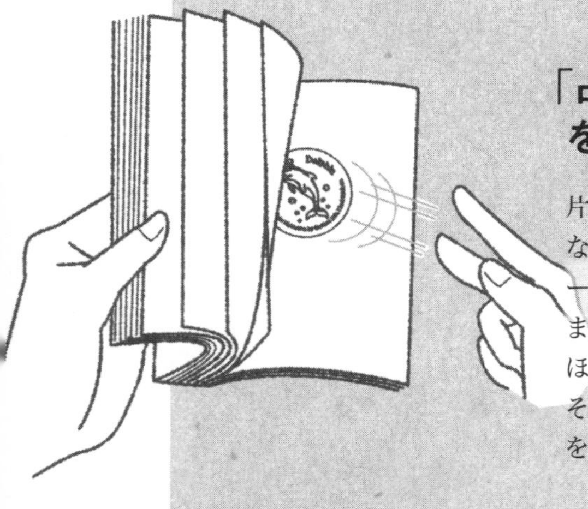

## その時読む「占いよりも大切な話」を決めるために使う!

片手で本書をパラパラとめくりながら、もう一方の手でGトークンを弾いて本書に投げ込みます。前ページやナビページのほか、Gトークンを使って、その日最初に読む「大切な話」を決めてみては？

## 栞がわりに使う!

どこまで読んだか、あるいはお気に入りの話の目印などに、トークンを使ってみるのはどうでしょう？　小さすぎるように見えて、使い勝手のいいちょうどいい厚さが便利です。

羅針盤座 *Compass*

インディアン座 *Indian*

鳳凰座 *Phoenix*

時計座 *Clock*

カメレオン座 *Chameleon*

イルカ座 *Dolphin*

Ｇトークンは全部で６種類。ゲッターズ飯田の五星三心占いにちなんだ６星座を表す絵をあしらいました。盤面に書かれている文字は、各星座の欧文表記「Compass」「Indian」「Phoenix」「Clock」「Chameleon」「Dolphin」と、本書の書名の欧文表記「Valuable Tales than Divination by Getters Iida, I just think so.」です。

---

**［ご注意ください］本書にはご自分の星座を調べるための命数表は掲載されていません。「ゲッターズ飯田の占い 公式サイト」https://sp.gettersiida.net/（無料）や年間本などでお調べください。**

# 「運がいい」と言う人には、人も運も集まってくる

どんな状況でも、「自分は運がいい」と言う人に、運は味方する。
はたから見て、それは大きな困難で、不幸にしか見えない状況でも、
「いやいや、このくらいで済んだから、運が良かった」
そう言う人に何度も会ってきた。

「このくらいで済んだから、運が良かった」
とてもそんなふうには見えなかったが、
そう話す人の多くは、自然といい流れに乗っていく。
なんだか、運が味方をしてくれているような感じがする。

1

逆に、いい状況に見えても、
「運が悪い、いいことがない」
そう言う人は、なんだかドンドン不運になったり、
周囲から人がいなくなる。

「自分は運がいい」
そう言う人は、ドンドンいい流れになる。
「日本人に生まれただけで相当運がいいんだよ」
そんなことを言う人にも会った。
「こんな平和な時代に生まれただけで運がいい」
時代そのものが幸運だと言う人もいた。

**運は「運がいい」と言う人のところに集まってくる。**

ただ
そう思っただけ。

# 笑わせてくれる人

自分を笑わせてくれる人がいる。

そして、笑わせたい人がいる。

ただその人を大切にすることが幸せなのかも。

**笑わせてくれる人を大切に。**
**そして「あなたを笑わせたい」と**
**思われるようになることを大切に。**

笑顔と元気と笑いは、どんなときも忘れないように。
人生にはいろいろなことがある。
つらいことがあると逃げたくなるけれど、
どうしたら笑えるか、笑わせてもらえるか。

考え過ぎは良くないけれど、少しだけ考えてみるといいかも。

**笑わせる人、笑わせられる人になりましょう。**
**それも一つの幸せです。**

ただ
そう思っただけ。

# 好きな人には、
# 素直に「好き」と言いましょう

「好き」と言わなければ、そのまま何も変わらない。
「好き」と言えば、何か進展するかもしれない。

「告白したら嫌われません？」と、よく言われるけれど。

勇気を出して告白した人を、本気で嫌いになる人なら、
そんな人とは恋愛しない方がいいです。

嫌われることはありません。
嫌っているのではなく、それは照れです。

小学生の頃、好きな子に告白すると、
照れてなんか気まずくなってしまうことがある。
こんな経験のある人が、たぶん、恋に臆病になる。

**素直になりましょう。**
**勇気を出しましょう。**
**自分に素直になれない人は成長しない。**

**会いたい人には「会いたい」と伝えましょう。**

**男も女も、年齢も立場も、関係ない。**
**素直に生きてみましょう。**
**そうしたら自然と未来が明るくなる。**
ただ
そう思っただけ。

# 明るい自信家に運は味方する

幸運をつかむ人の特徴は、
とにかく明るい。
些細なことでめげない。
クヨクヨしない。
周囲を笑顔にし、明るくするパワーを持っている。

自信を持っているけれど、それが傲慢とか自慢とかではなく、自信をもって堂々と生きていて、人に自信を与えてくれる。

一緒にいるだけで、「自分も何かできるのではないか？」
と、錯覚させてくれるほど、エネルギーを分け与えてくれる。

失敗や挫折もしているが、
そんなことはすべて経験であり、
過程でしかなく。
何度も立ち上がって、元気と無邪気さと明るさをなくさない。

苦労を苦労と思わないで、経験としてとらえて、前に進む。
そんな人に幸運は味方する。

**明るい自信家になってみるといい。**
**自分も周囲も明るくできる人。**
**自分にも周囲にも自信を持たせてくれる人。**
**そんな明るい自信家に、運は味方する。**

5

# 会いたいと思われる人

会いたいから会う。
会えるときがあるから会う。
会える時間が大切で。
会いたい人がいることが大切で。

お互いに会いたいと思わないと会えなくて。
会って今を確かめて。

必ず会えるわけではないから、会いたくなる。
お互いに、また話したくなる人になりながら。

人は楽しい場所に集まる。
音楽に集まる。

**会うのは誰でもいいわけではない。**
**一人がいいときだってある。**
**だから、**
**また会いたいと思える人が大切で。**
**また会いたいと思われることが大切で。**

**食べたいものと会いたい人は、**
**そのとき必ず手に入るとは限らない。**

**また会いましょう。**
**また会いたいと思われる人になりましょう。**
**人は楽しいとまた会いたくなる。**
**また会う時間をつくることが大切。**

# 幸運を引き寄せる方法

- **メールはできるだけ早く返事をする**
- **電話では無駄に元気に**
- **声は大きく**
- **姿勢は良く**
- **小綺麗な格好を心がける**
- **爪の手入れをしっかりする**
- **笑顔で話す**

いろんな人と会って僕が感じたこと。
簡単にできそうで、案外できていなかったりする。
でも、これだけで運気は簡単に上がる。

とにかくやってみるといい。
何もやらない前から「難しい」と言う人には
いつまでも運は巡ってこない。

ただ
そう思っただけ。

# 一流を経験することは、とても大切なこと

7

人の欲望とは面白いもので、自分の価値観を一度決めてしまうと、
他の価値観に目がいかなくなり、
ドンドン同じ方向に進んでしまう。

視野がドンドン狭くなって、同じ世界の中にいるようになり、
同じような人しか集まらなくなり、変えようと思ってもなかなか
変わらなくなる。また、変えるタイミングを逃してしまうと、
簡単に変えることができなくなってくる。

安い買い物はやめた方がいい。
**「安いから買う」は、一番の無駄使い。**
**「欲しいから買う」も無駄。**
**「必要だから買う」にした方がいい。**

「安いから買う」では、お金は貯まらない。
「安いから」選び、「安いから」手を出す、という思考回路を
早くやめないと、いつまでもお金は貯まらない。

買うときは、できるだけ値打ちのあるものを購入する方がいい。
高価で価値のあるものを「少しでも安く購入する」は、いい。
価値もなく、無駄なものを安く手に入れても、
それはただ、お金を失っているだけ。

価値があるのか？　自分だけではなく周囲も認める価値なのか？
安いからではなく、「価値があるか？」を考えなくてはならなくて、
それは日々の積み重ねで見えてくる。

最高の寿司を、一度食べに行くといい。
そのために貯金をして、最高を知ってみるといい。

「これが本当の寿司か！」
今までは何だったんだろう？　普段のものの見方も変わってくる。
「もう一度食べたい、もう一度体験したい」と思うことで、
仕事が頑張れるようにもなる。前に進めるようになる。

最高を知る。
究極を知ることで己が成長できる。

**一流を知れば、己も一流になれる可能性ができる。**
**まずはトップを知ることが大切。**

「安い」方へ「安い」方へと向かう先には、一流がない。
一流を、トップを見ようとしないから、
いつまでも自分のレベルが上がらない。

安い買い物をやめて、高い分、価値のある買い物をするように。
「安いから」で手に入れない。不要なものも買わない。
必要なものだけにお金を使えば自然と貯まるもの。

必要なものだけにお金を使い、一度でいいから一流を経験する。
これはとても大切なこと。

「安いから」で買うことは、すぐにやめた方がいい。
そのお金を貯めて、一流に使うといい。
ただ
そう思っただけ。

# 笑顔

笑顔を忘れないでください。
どんなことがあっても。

恋をしたいなら、笑顔でいてください。

一日一回でもいい。
鏡を見ても、見なくてもいいから。
口角を上げて、ニコッとしてみてください。

これが癖になるくらい、やり続けてください。

**笑顔ができない人には、恋が始まらないから。**

**いろいろ考える前に、**
**たくさんの人から好かれるように。**
**話しかけやすい人になるためにも。**

**笑顔を心がけてください。**
**「笑う門には恋人も来る」。**

# 9

「何をしたいか
わからなくなった」
ときは
「何をしたくないのか」を
考えてみると、
やるべきことが
見えてくる。

# 幸せではなく豊かになるには どうしたらいいのか

「お金があることが幸せ」だと思っている人は多い。
でも、お金があるからと言って、幸せとは限らない。
だから、幸せになろうとすると迷う人がいる。

結婚をしたら幸せか？
「好きな人と近くにいることが幸せ」だと思う人なら、
結婚することで幸せを得られる。

でも、仕事や趣味に幸せを感じる人の場合。
結婚して、「一緒にいる」だけでは、
次第に、結婚した幸せには鈍感になってしまう。

**幸せには基準がない。人それぞれに感じ方も違う。**

幸せは笑いに近い。人それぞれ、笑うポイントは違うし、
世の中全員が笑えることは少ない。
では、幸せになりたいと思うことは？
幸せも、人それぞれではないのか？
そこを悩むより、現状で何が幸せなのかを考えてみるといい。

**幸せって旬な感じがする。**
**幸せは現状で見つけるもの。**
**目指すものではないから。**
**目指すものは、豊かさだと思う。**

10

「幸せになりたい！」ではなく「豊かになりたい！」。
こっちの方が、目標にしやすい気がする。

結局、自分が頑張らなければならないことは、
みんな知っている。

幸せではなく、豊かになるにはどうしたらいいのか。

それには、占いを使うといい。
占いは、自分を知って、
自分がどう努力すればいいか考える道具で、
将来を予測して、
不安や心配を少し減らすことができるもの。

占いを、幸せを探す「答え」とするのではなく、
変化する現実に立ち向かうための「指針」とすればいい。

生活を豊かに、心を豊かに。
幸せを求めるより、
豊かさを目指してみるといい。

# 頑張って！

誰が言ったか知らないが、
「頑張って」と言わない方がいいなどと。

世の中には「頑張って！」と言われるから頑張れる人と、
「頑張って！」と言われるとプレッシャーになる人、
「頑張って！」と言われて、
自分は頑張っていないと思われていると思う人など、
いろいろいる。

他人から言われた言葉を、どうプラスに受け取るか。
ポジティブに受け取るか。
これで人生は大きく変わる。

世の中には、何を言ってもマイナスに受け取ったり、
ひねくれて受け取る人がいる。
疑うことは、探究心や追求心なので悪いことではないが、
いい言葉は素直に受け止める。
これはとても大切なこと。

**他人の言葉に悪意があると思うのは、**
**自分に悪意があるから。**

**「泥棒は他人を泥棒だと思う」**
**自分が人のものを盗むから、**
**他人も同じようにものを盗むと勝手に思う。**

もっと素直になりましょう。

アドバイスしてくれたことを
「そうかな？」と思って、
損しないなら、とりあえずそうしてみたらいい。

**「頑張って！」と言われたら**
**よし頑張ろうと！**

**「頑張って！」くらいの単純な言葉を**
**マイナスに受け止めてしまったら、**
**何もかも、素直に受け止められなくなってしまう。**

まあ、僕は単純な人間なんで、
「頑張って！」と言われると、本当に頑張ってしまう。
それでいいと思う。

さて、今日も頑張るかな〜。

# 相手が自分に好意があるか、簡単にわかる方法

12

相手が自分に好意があるか、簡単にわかる方法がある。

それは仲良くなりたい異性の前で、
「礼儀正しい人じゃないとダメ」と明言すること。
できればここで、
「メールでも、しっかり挨拶できない人とは付き合えないな〜」
などと話しておく。
気になる相手に伝わるように。

直接言うより、数人で会っているときの方がいい。
帰宅後に、その相手から丁寧なメールがきたり、
次に会ったときに、挨拶がしっかりできていたら、単純に脈あり。

ポイントは、大勢で会ったときに言うこと。

なぜ大勢なのか。
それは好きな人だったら、あなたの話をしっかり聞くし、
あなたの話に聞き耳を立てているから。
そこで「礼儀正しくない人はありえない」という情報が入れば、
「よし、気をつけよう」と思う。

挨拶をしたり、礼儀正しくするのは、
そもそも人として当たり前のことだから。
不自然な行為ではないから。
あなたのことを気にしている相手は、
自然と挨拶やマナーを意識する。

ただし、直接言ってしまうと、その効果は薄れてしまう。
意識しているのが、お互いにバレバレになってしまうので
(まあ〜バレバレでもいいんですがね。最初は恥ずかしいとか、
照れがありますから)。

そんな感じで、
**「自分の好みのタイプをしっかり言っておく」といい。**
相手が自分に好意があるなら、実行してくれる。

その際は、簡単にできそうなことがオススメなので、お忘れなく。
挨拶やマナーが、一番手っ取り早いでしょう。

では、そもそも礼儀正しくて、挨拶ができている人の場合は、
どうするか？

そんなときは、
「面白い絵文字を使う人が好き」とか、
「ドラマやテレビの話」などをしてみるといい。
相手がどう合わせてくるかを見てみる。

そんな感じで、
**恋のきっかけは、自分でつくるもの。**
**でもその前に、**
**少しでも相手の気持ちを知りたいのが恋だから。**
**知ろうとすればするほど、恋にはまっていく。**
**それが恋。**

# お金持ちになりたければ

**お金持ちになりたければ、**
**お金持ちの生活に慣れないといけない。**

お金のことしか見えない状態だと、
お金持ちのすることは、一見とても不思議な感じに映ったり、
お金持ちの言うことに、騙されていると感じたりすることがある。
しかし、お金持ちにとっては普通のことであり、
騙しているわけでもなく、ごくごく当たり前のことだったりする。

社交ダンスに行くと、月々の月謝を支払う。
発表会が近づくと、ダンスの先生から、
「あなたは、もう少しで大会に出られるから、あと5回来なさい。
特別レッスンをします」と言われて、
1回のレッスン料3万円を、追加で5回分支払って、大会に出る。

大会参加費は30万ほどかかる。
ちなみに、普段のレッスンは2万円。
「大会に出たい」などと言ってはいない。
お金のない人からすれば、騙されていると思うかもしれないが、
多くのお金持ちは何とも思わない。

あるお金持ちから連絡があり
「いい服を見つけたから来て！」
と言われて、お店に行くと、
「これ、やっぱり似合う！」
とすごく褒めてもらい、30万円くらいする服を自分で買う。

あるお金持ちの家へ、「あなたのために絵を描いてきました」と、
作品を持ち込んできた人がいた。
「あら素敵」
「では300万円で」
「はい」
別に頼んでもいないのに、描いて持ってきた絵を
「素敵」と思ったら購入する。

この3つの話、金額は正確ではありませんが、ほぼ実話です。

この話を読んで、
「え〜、なに言ってるの？　当たり前じゃん」
と思ったら、あなたはお金持ち。

「おいおい。騙されているよ。ぼったくられてるよ」
と思ったら、あなたはお金持ちになれない人。

**自分もお金持ちだから、相手もお金持ちのことが多い。**
**金額のことは気にしていない。**

**お金を動かすことがお金持ちの仕事なのかな〜**
**と考えている。**

**とりあえず、中途半端なお金持ちと**
**本当のお金持ちでは、差があることだけは確か。**

**お金持ちになりたければ、**
**お金持ちの生活に慣れることが大切。**

# ご機嫌でいればいい

命に関わること以外で、そんなに簡単に怒る必要はない。
周囲に「ご機嫌とり」が現れたら、その人はお終いだなと思う。

時々見ることがある。
その人の機嫌を損なわないように全体が動くシーン。
怒るから。怖いから。
全員がビクビクしながら仕事をしたり、集まったりしている。
その人のご機嫌をうかがいながら。

「自分も気を遣わないから、そちらも気を遣わなくていい」
「機嫌が悪いことを表現するなら、こちらも機嫌が悪いことを表現していい」
それがルールなら、それでもいい。

自分の「機嫌の悪さ」を出す多くの人は、
「自分の不機嫌は出していいが、他人の不機嫌は嫌」が多い。
それはルールがおかしいから。
そんな人はドンドン周囲から浮いてくる。ドンドン孤独になる。

お金があるうちはいいけれど、
お金や権力がなくなると、周囲から人はいなくなる。
でも気づかない。自分が気を遣われていることに。
それが当たり前だと思っている。
「自分に周囲が気を遣うのが当たり前で、ご機嫌をうかがわれて当たり前」
そうなったら人はお終いです。

14

初対面で年下なのに、タメ口な人にはタメ口で話せばいい。
初対面で年上なのに、敬語を使う人には敬語を使えばいい。
馬鹿にしてくる人には、馬鹿にすればいい。
文句言う人には、文句を言えばいい。

最初に相手の出方を見て、それに合わせて会話をすればいい。
それに不機嫌になる相手なら、その人がおかしいから。

いつもご機嫌でいればいい。
笑顔で楽しい空気をつくっておく。
「何かいいことありました？」
と周囲から聞かれるくらいに、ご機嫌でいるといい。

**いつも笑顔の人には人も集まるし、**
**さらに場が楽しくなるから。**

**楽しそうに、面白そうにする。**
**ご機嫌でいればいい。**

**嘘でもいいからご機嫌でいれば、**
**本当にご機嫌になるものだから。**

他人のためにご機嫌をうかがう必要はないから。
自分が機嫌良くしていればいい。

**笑顔は常に心がけて、**
**周囲に気を遣う人がいない方がいい。**

RELATIONSHIP

占いよりも大切な話
ナビ ＃1

# まず
# 自分を見つめる
# ことの話は

Episode No.

*2, 5, 11, 19, 23, 28, 35, 37,*
*52, 59, 60, 61, 68*

人生で大切なのは、協力すること。
そして、協力してもらえる人になること。
自分の人生では主役だから、人に協力を頼むけど、
人の人生では脇役になって、人への協力を楽しむ。
その橋渡しをするのが、感謝の心。
一人の力でできることなんて、たかが知れている。
感謝し合い、協力し合える人生って、温かい。

WORK & LIFE

占いよりも大切な話
ナビ ＃2

# 自分でできる運気をあげるための方法の話は ――

Episode No.

1, 4, 6, 14, 15, 18, 22,
27, 31, 32, 36, 42, 43, 47, 50,
51, 54, 55, 56, 64, 65, 88

苦しい状況が続くときは、不運なのではなく、
忍耐力を身につけているとき。
そのつらさを乗り越えるとグンと楽になり、
人間としても強くなる。
できれば、ただ「つらい」と思うのではなく、
その中に楽しさや面白さを見つけて、
花咲かせる日のことを妄想してみてください。

# 笑いに敏感な人は、幸せになれる人

15

運気を良くしたければ、幸福を得たいなら、良く笑うといい。
何でも笑う。些細な冗談でも笑うといい。
「あなた何でも笑うね」と突っ込まれるくらい、笑うといい。
これだけで簡単に幸せになって、簡単に幸福を得られて、
運気も良くなって、幸運もやってくる。
相手の小さな冗談も逃さない。少しのボケも笑うといい。

笑う門には福来たる。本当にそうなんですよ。
幸せだから笑うのはではなく、人は笑うから幸せになるだけ。
まずは笑う。自分の人生を笑ってしまうといい。

自分で自分の人生を笑ってしまうと楽になる。楽しくなる。
笑わせようとしたことに、笑ってあげるといい。
これはとても重要なこと。
これができないから幸せになれない人がいる。

**笑顔の絶えない人生を送る。幸福とはこれでいい。**
**お金がなくても笑う。上手くいかなくても笑って過ごす。**

そんな魅力的な人には、必ず救ってくれる人や支えてくれる人が現れるから、一緒に笑うといい。

**人生には、笑えることが山ほどある。**
**もっと笑いに敏感になってみると**
**人生は楽しく面白くなるもの。**

# 会話のテクニック

16

恋愛の鉄則。
「自分に興味がある人を好きになる」
自分の話ばかりする人は、恋愛がうまくいかない。

聞き役になれば、恋は簡単にスタートすると、
恋愛マニュアル本によく書かれていますが、
まぁ、これは本当だと思います。
ただ、占いの側面からみると、全員とは限らない。

実は、受身でいることが好きな人もいる。
外見はやや地味ですが、品があり、
友人がかなり少ないタイプで、マイナス思考。
家族との絆がかなり強く、
口癖が「親が……」「うちでは……」などが多い人。

ただ、こんな人は少ないので、とりあえず異性との話は、
取材だと思っていろいろ質問したり、
「なんで？」「どこで？」
などと、聞いてみるといいでしょう。そのあとは、
「なるほど」「わかるかも」「そうなんだ」
と、同意をすると、いい関係になりやすい。

なりやすいだけで、なるわけではありません。
あとは笑顔と愛嬌かな～。
とりあえず、
「話の聞き役は、恋のチャンスをつかみやすい」
自分の話は、交際が始まってからすればいい。

17

# お金持ちの反対は、<br>貧乏人ではなく下品

**お金持ちや成功者が最も嫌う人、避ける人、**
**関わろうとしない人とは、下品な人。**

お金持ちの反対は、貧乏人ではなく下品。
お金持ちや成功者は、下品な人を避ける。

若いとき、自分の意見や考えが通らなくて不満が溜まってしまうことがある。
若いから考えが浅はかな場合もありますが、
足りないのは、「礼儀正しくないこと」だったりする。
礼儀正しくない人が何を発言しても、
それは「正しく聞こえない」。

無礼で順序が守れない。
無作法な人は、何を言っても無視されてしまう。
何を言っているかではなく、誰が言っているか、
そこを見られてしまう。
ところが、若いときは、礼儀なんて関係ないと思ってしまう。

下品な言葉を使わない。
下品な表現を使わない。
この基準がわかっていないと、人生は前に進めない。

上品な言葉を意識する。
敬語や謙譲語まで使えればいいですが、
最低限のきれいな言葉遣いや、
挨拶やお礼をしっかりすることが大事。

日々の行いや、言葉選びは、どうしても態度に表れてしまう。
ネットだから何を書いてもいい、匿名だから大丈夫と思っても、
それは自然と、普段の言葉や態度ににじみ出てしまう。

**まずは、礼儀正しく、上品な言葉を選ぶようにする。**
**少しくらい使い方が間違っていても、**
**その態度や姿勢からは、**
**上品さが自然と出てくるもの。**

**お辞儀もしっかり。**
**言葉遣いもしっかり。**
**順序を守り、**
**日々品のいい言葉を選ぶようにする。**

**礼儀正しく生きる人に、幸運は必ずやってくる。**

# 運気の良くなる呪文

過ぎたことをいつまでも考えても仕方がない。
時間を無駄にするだけ。

己の感情くらい、己でコントロールできるようになることが、
幸運の秘訣だったりもする。

誰にだって、嫌なことやイライラすること、
ムッとすることは起きるもの。

**他人は思い通りにはならないから。**
**自分でも自分を簡単に思い通りにはできないものだから。**
**他人も自分も許せばいい。**

18

「自分だけ許す」ではずるいから、自分を許すなら他人も許す。
他人を許せるなら、過去の自分も許してあげればいい。

気分がのらないとき、憂鬱な気分だったり、テンションもモチベーションも上がらないとき、
簡単に元気になれる言葉がある。

「自分は運がいい」
「幸運だ」
「ラッキーだ」
そう10回くらい言ってみるといい。

そう言っていると本当に運のいいことが起きてくる。

ついていることがわかってくる。
幸運なことも見えてくる。
ラッキーなことも起きてくる。

人生は長いようで短い。
どんな人にも、時間は平等に与えられている。
ウジウジつまらないことを考えて、言い訳する人生を送るより、
「運がいい」
「ついている」
「幸運だ」
「ラッキーだ」
そう言って、そう言い続けて前に進めばいい。

言っているうちに本当に変わってくる。
1、2回では変わらなくても、1週間、1ヵ月続けるといい。
1年後には人生が大きく変わって、本当に運の良さを実感するようになるもの。

朝起きて、寝る前やお風呂の中で、
運気の良くなる呪文だと思って
口に出してみるといい。
案外簡単に気持ちは楽になり、
人生は楽しくなるもの。

ただ
そう思っただけ。

# 「友達はいらない」そんな選択がある

占い上では、友達がいらない星がある。
友達がいることで運気が上がらない。
友達に合わせる苦痛で能力が開花しない。
友人は不要。
友人ができると運気が下がる。
そんな人がいる。

この星の持ち主は
「友達100人できるかな～」
は苦痛で仕方がない。
無理をして友達をつくろうとしたり、無理をして友人関係を保とうとしたりするが、重荷になってしまう。

19

「友達はいらない」
「友人は不要」
そうなったときに、一気に世界が広がる。
肩の荷をおろして、人生が楽しくなり始める。

いるんです。
友達がいらない人が。

でも、この星の特徴は、知人は必要。
友人関係ができなくても、友達がいないといっても、
協力や助け合いができないわけではない。
困った人は助ければいいし、自分にできることはやればいい。
仲間をつくればいい。

目的に合わせた仲間はつくっていいけれど、友達はいらない。

悪友という存在もいる。
悪い友達ができたせいで、運の流れに乗れない人もいる。

さも自分のことを思ってくれているように見せかけて、
よくよく考えてみたら、相手の都合に合わせられているだけ。
対等な関係ではない友人ということもある。
本当に友達なら、関係性は対等でなければいけない。

**友達がいらない星は、クリエーターやモノづくり、**
**芸術や美術、何か才能に優れた人ほど持っている星。**
**4割くらいはこの星の持ち主がいる。**
**「友達、いらないんですよ」**
**「友人、いらないんですよ」**
**そんな選択もあるということを知ると、**
**人生はまた面白くなる。**

社会に出れば、そんなに友達に会うこともなくなり、
そんなに友人とべったりしなくてもよくなる。
学生時代よりも社会に出てからの方が楽だな〜と感じたら、
あなたは「友達がいらない星」の持ち主かもしれない。

逆に、社会に出て「友達ができない」ことが不安になったら、
あなたは「友達が必要な星」の持ち主かもしれない。

**「友達はいらない」**
**そんな選択もあると認めることで、**
**人生を大きく変えられる人もいる。**

# 恋人ができないなら、引っ越しするといい

20

恋人がなかなかできない。
結婚がなかなかできない。
そんな人は、引っ越しをするといい。

5年も10年も恋人がいない。
そこに住んでからずっと恋から遠のいている場合は、
部屋に原因がある場合がある。

引っ越す方角やタイミングも大切ですが、
占いだけで決めるわけにもいかないし、
そもそも調べられないという人は、別の方法がある。

気に入った部屋を見つけたら、不動産屋さんに、
前にその部屋に住んでいた人の話を聞いてみるといい。

前の住人の引っ越した理由が、
「結婚して」
の場合は最高にいい。

不動屋さんや大家さんは知っている。
その部屋に住むと、すぐに結婚したり、
子どもができる部屋がある。
「寿部屋」や「寿物件」があることを。

必ず教えてくれるとは限りませんが、
ダメ元で聞いてみるといい。
誰が住んでいたかは教えてくれませんが、
引っ越した理由は教えてくれたりする。

逆に、前に住んでいた人が、
借金が原因で引っ越した部屋や、
突然お金に困ってその部屋を出ることになった、
という場合もある。

しばらく恋から遠のいている一人暮らしの人は、
引っ越しを考えてみるといい。

実家暮らしの人は、一人暮らしを始めた方がいい。

お金がなかったり、まだ学生の場合は、
部屋の模様替えをするといい。

タンスやベッドの位置を変えたり、テレビの向きなど、
気分が思いっきり変わるくらいに変えてみるといい。

どこに何を置いていいかわからない場合は、
周囲にいる恋人のいる人の部屋の配置を真似してみるといい。

# マイナスの美学

21

人は、余計なことをいろいろ付け足したくなる。
欲張りになり過ぎる。
欲張ってもいいけれど、それではすごくは見えない。

本当におしゃれな人は、
デニムにTシャツでも、おしゃれに見せられる。
本当に料理がうまい人は、
余計なものを入れなくても、美味しい料理がつくれる。

**余計なことをしない。**
**マイナスにすることで、本来の姿が見えてくる。**
**本物が見えてくる。**

でも、人はついつい欲張ってしまう。

あなたがいるだけで幸せだったのに、
お金がないから不運だと思い、贅沢ができないとつらいと思う。
はじめは、あなたの存在だけで価値があったのに……。

削ぎ取って、削ぎ取って、
そこに何が残るのか。
もう一度考えて。

スポーツ選手は、
スポーツだけできていればいいし、
料理人は、料理ができていればいい。
大工は大工。
パン屋はパン屋。
職人は職人でいいと思う。

多くを望むから、
そこに付け加えたくなるから、
本来の力や魅力を、半減させてしまっている人も多い。

**人はそんなに器用に生きられないから。**
**マイナスにすることで**
**見えてくる美学がある。**

# 運気の3つの周期とは？

22

運気には、3つの周期がある。

1つめは、自分の頑張っていたことが返ってくる時期。
この時期は、人は幸運だと満足できて、人生が充実してくる。

2つめは、自分の頑張りがなかなか返ってはこないけれど、
自分の成長を楽しめる時期。
この時期は、坂道を登っているような時期。苦しいけれど、
自分の成長やスタミナがついていることが実感できる。

3つめは、頑張っても報われない、頑張りたくない時期。
この時期は、運気が止まっている時期。
不慣れなことや苦手なことをやらなくてはならない。
結果が出ることもあるが、基本的にはなかなか評価されない。

非常に不満が溜まる時期だが、ここでなぜ結果が出ないのか？
どうして上手くいかないのか？
自分なりに考えて工夫して、己の弱点や欠点を分析して、
己にしっかり課題をつくれた人が、大きく成長できる。

進むべき道や、やるべきことを見つけられる時期でもある。

この3つの周期は、年、月、日でぐるぐる回っている。

**人生は、積み重ねてきたことの結果が出ているだけ。**
**人生は思い通りにはならない。**
**人生は己のやってきた通りになるだけ。**

特に成長する時期や、結果の出ない時期に、
欠点や弱点を鍛える努力をサボってしまうと、
結果が出る時期に成果が得られない。

**種を蒔かなければいけない。**
**どこにどんな種を蒔くかを学ぶことや、**
**土台となる土を耕すことや、下準備も必要になる。**

いろいろなことを考えるヒントのために、苦労や困難が訪れ、
何よりも上手くいっている人が周囲に現れる。
他人の成功をうらやむ前に、他人の努力や苦労をしっかり見抜いて、人を認めて、自分もそこから学ぶことが必要になる。

3つの周期を知って、結果が出るときに出ていないのなら、
その原因は絶対自分にある。耕し直す時期がやってくる。
「不運だ、不幸だ」などと言わずに、
最初から耕し直しだと思って、基本からやり直せばいい。

どんな種を蒔くのか。
どんな花を咲かせて、どんな実がなってほしいのか。
考えてみるといい。

**運気の流れは、どんな人にも平等にやってくる。**

運をつかめないのは、流れを知ろうとしない人か、
知っても学ぼうとしない人。

運気の流れを活かすことができるように、
知恵を身につけ、工夫して生きる必要はある。

# なぜ、今この人に出会ったのか

最近、「自分はなぜ、今この人に会ったのか」をよく考える。

いろいろな人がいるのに、
お互い連絡を取ってまで会おうとする人は限られる。

タイミングが悪くて、会いたくても会えない人や、
偶然会える人もいる。

話をしながら、相手の考え方や生き方がすごく気になってくる。
なぜ今この人に会ったのかを考えながら。
どんな人からも、
必ず勉強になる話が聞けることに感謝している。

23

**自分では気がつかないことを教えられる。**
**何かしらの縁があり、必ず会った意味がある。**
**自分に欠けている部分は、**
**他人から学べることが多い。**

無理をしてでも人に会わないとわからないことがたくさんある。
人に会うのは面倒かもしれない。
でも、会える人は限られているから。
会える人から何かを学んで、なぜ今この人に出会ったのか、
出会った意味を考えてみるのもいいかも。

自分と同じ人生を歩む人はいないから。
人それぞれの人生論や体験談はとても面白い。

# 24

孤立してはいけないが、
孤独を楽しめるように
成長する
必要はある。

25

# 恋も仕事も、
# お願い上手になった方がいい

お願い上手な生き方をするといい。
恋も仕事も、お願い上手が成功する。
お願い下手ではいけない。

お願いが下手なら、お願いしなくて済むように自分を
磨くしかないが、人は一人で生きることはできない。
どうしても他人に頭を下げなければならない。

上手に他人を扱うことができる人が成功する。
「この人に言われるとな〜」
と思ってしまう、非常にお願い上手な人がいる。
タイミング、言葉選び、何よりも人間関係のつくり方。

売れている芸能人、お金持ち、成功者に共通するお願い上手。
みんな、人を上手に扱う才能がある。
みなさんの周りにもいるはず。
「この人のお願いはOKしてしまう」という人。

逆に、お願い下手な人もいる。
「このタイミングで、その言い方はOKしたくない」と。

先日のこと。
「○○さんを占ってください」くらいでいいものを、気を遣って
「何時から何時、○○さんの許可も得て、収録時間も遅らせました」
と、完全に丁寧が裏目に出てしまっている人がいた。
それも「明日」というタイミングの悪さ。

ただ丁寧にお願いをすればいい、というわけではない。

お願い上手を目指して生きると、
お願いをする立場とは、どんなことを考えないといけないかが、
わかってくる。

丁寧が裏目に出る人がいる。
気を遣っているのに、相手の状況を考えないで
「これは丁寧だな」
と。それは自分の中での丁寧だから。
それは相手には失礼になる。

好かれるように、お願いをしなければならない。

**相手のことを考える。**
**相手の気持ちや、相手の心をもっと想像するといい。**

自分のキャラクターに合ったお願いの仕方も大事で、
その言い方はその人だからOKでも、
他の人が言ってきたら嫌な気分になることもある。

お願い上手を目指して生きるといい。
そのためにも、一度はお願いで失敗するくらいは別にいい。
あ〜この言い方はまずかったな〜。
どう言えばOKしてくれるかな〜。
いろいろな人と話して、お願いの仕方を学んでおくといい。

**距離感と、愛嬌と、自分に合った言葉遣い。**
**相手のことをもっと考えて、言葉を選ぶといい。**

26

# データを無視する人は、大成功することがある

データを大切にする人は成功するが、
データを無視する人は大成功する。

いろいろな仕事でデータを取っている。
マーケティングをしている。
無駄のないようにしたり、
売れ筋商品のデータ予測など、ま〜いろいろ。

たとえば、あんパンが売れ始めブームになる。
売れ始めのデータを信じて大量生産をすれば、大儲けになる。

売れるものをドンドン売る。
周囲もそれを真似して、同じようなものを売り出して、
ある程度は売れる。

同じようなものがたくさん出れば、ブームは終わるが、
その後は値段を早く下げた方がまた売れる。
同じようなものなら、安い方がいいから。
データ通りに動けば、こんな流れになる。

ところが、データを無視して、あんパンブームだからこそ、
あえてカレーパンをつくる人がいる。
あんパンブームの中では、カレーパンはなかなか売れない。
ただ、あんパンブームが終わり、価格が下がり始めた頃、
売れたものが飽きられ始めたときに、カレーパンが注目されれば、
それは売れ始め、うまくいけば爆発的に売れ、ブームになる。

データ通りなら、カレーパンが売れるデータはない。
売っていなければデータにないから。
あんパンとカレーパンは、たとえ話ですが、
データ通りにものを売るタイプと
データを無視してものを売るタイプの人がいる。

データ通りにする方が一見正しいと思われる。
リスクが少ないから、こちらの方が良いとされているが、
まったく誰も注目していなかった、まったくデータのないものや、
実績のない若手や新人を使う。
それも絶妙なタイミングで売り込むことができる人が、
大成功する。
でも、そこにはデータはない。

多くは勘。
それまでの経験と主観。

データを必要としない人がいる。
データに逆行するから成功する人、
そこに博打をかけられる人がいる。

世の中、予想外のものや人が売れることもある。
計算されていない企画が当たることもある。
**データは大切だけど、**
**データではないことが大切なこともある。**
**そのタイミングをつかめる人、その博打を打てる人を、**
**多くは「運がいい」と言う。**
**運をつかめるからこそ、大成功する。**
**データは大切でも、データ外はもっと大切。**

27

# 自分の歩幅

昨日の自分よりも、今日の自分は何ができたのか。
1ヵ月前の自分よりも、今月の自分は何ができたのか。
1年前の自分よりも、今年の自分は何ができたのか。
10年前の自分よりも、10年後の今の自分は何ができたのか。

少し考えてみてください。
昨日と今日の差はわからなくても、
1ヵ月、1年、3年、5年、10年と考えてみると、
いろいろなことができるようになっている。

人は、日々いろいろな勉強をしながら、生活をしている。
人と話せるようになったり、
仲良くなれたり、別れることがあったり、
仕事が増えたり、責任ある立場を任せられたり、
夢が叶ったり、
道を変える勇気を持てたり。

**失ったことや、できなかったことを考えるのではなく、**
**得たことを、できたことを考えてみると、たくさんある。**

本もたくさん読んで、音楽もたくさん聞いて、
映画も観て、テレビも観て、
体験や経験が増えて、知識も増えている。
その結果、忍耐強くなれる人も多い。

何かできるようになっている。
何も成長しないままの人の方が少ない。

**1年前と今では、何かが成長している。**
**それがあなたの歩幅。**
**そのくらいのペースでいい。**

**ゆっくりの人もいるし、速い人もいる。**
**他人と比べるのではなく、**
**自分の歩幅で成長を続ければいい。**

**進歩とはその継続で、**
**気がつけば、人は成長をしている。**

**失うことも多い。**
**でも、それも「己を知る」ということ。**

**失うから、またそこから学べて、**
**学ぶから、またそこから成長できる。**

**自分の歩幅がわからなくて、**
**悩んだり焦ったりする人もいる。**

**他人のペースに巻き込まれなくていい。**
**自分のペースを乱さないように。**

自分の歩幅がわかれば、自分のペースで学べるもの。

ただ
そう思っただけ。

人間関係で大事なのは、
遊び友達や
快楽を共にする人
ではなく、
自分に何か
教えてくれる人。

28

学ぶことを
教えてくれる人を
大事にすると、
人生は簡単に
いい方向に進むもの。
大切にする人間関係を
間違えてはいけない。

# 29

# 結婚相手に望むことに隠された心理

結婚する相手に本気で望むことを一つ挙げてください。

そう質問されたらなんと答えるか？

「お金のある人」
「優しい人」
「面白い人」
「外見のいい人」
「誠実な人」
などなど、出てくる、出てくる。
その出た言葉の多くは、「自分にないもの」だと思ってみるといい。

お金がある人は、相手への希望で「お金持ち」とは言わない。
お金のことは自分で何とかできるから。
お金のある人の多くは、
「そこそこのお金があればいい」
「生活に困らない程度のお金があればいい」
と言う。

「優しい人」と言う人ほど、
他人に興味がなかったり、
本当は優しくない人の場合が多い。

「面白い人」と言う人は、
どこか自分が面白くないことを理解している人が多い。
楽しませてもらいたいと、受け身でいる証拠。

「誠実な人がいい」は、
自分が不誠実なことを知っているから。
ルーズな人ほど、そんなことを言う。

もちろん全員ではないが、
「僕はブサイクだから顔の整った人がいい」
そんな会話を耳にすることは多い。

「積極的な人がいい」
そう言う人ほど、受け身で自分が待っているから
積極的な人を望んでしまう。

**言葉に出した逆を考えると、**
**その人の本質や真実が見えてくる場合がある。**

**特に自分の欲や希望の話をすると、**
**己にないものを表現してしまう。**

**自分にはないものを、他人にねだってしまう。**
**ないから欲しくなる。**
**持っていないから、手に入れたくなる。**

**そう考えてみると、また人生は面白く見えてくる。**

**あるものは欲しくない。**
**ないものを欲しがるのが人。**

# 大切なのは、損得勘定ではなく「得々勘定」

30

大切なのは、損得勘定ではなく「得々勘定」。

「自分が少しでも得しよう」と、
自分の得だけ考えて、少し損をしてでも、最後はたくさん得する
ようにし向けようとするのが損得勘定だと思っている人がいるが、
本当の損得とは、「己が得をして相手も得をすること」。
互いに損がないように考えられること。

これをどうはき違えたのか、自分が少し損したふうに見せかけて、
結果的に得をする方法だと思っている人がいる。

商売を上手にやる人がいるが、
ま〜この損得勘定が非常に上手くできている。
何度かお店に行くようになって仲良くなって、
新刊ができて渡そうとすると、
「あ、飯田さんの本はもう買いました」と。
なんだったら「友人にも買って配ってます」と言う。
「いつも常連さんを占ってくれていますから、
これくらいはしないと」
と、長くお店をやっている人はこの辺りがとても上手。

この逆もたくさんいる。
仕事でも恋でも、一方的に自分だけが得をしていることは、
どれだけ恐ろしいことか、わかっていない。

もらったものは返す。何で返すのか、何ができるか考える。
お金ではなく、サービスなのか、困ったときに手伝うのか。

人生は、持ちつ、持たれつ。
何か買ったり、何か手伝うことができないから、
思いっきり宣伝してあげたり、
その人のいい話をたくさんすることだったり。
それでも十分なお返しになる。

問題は、受けるだけ受けて、文句を言ったり、愚痴を言ったり、
陰口を言うような人。
「あなたは得るばかりで、何も失わないでいるのに」。

**本当は損は、己が得ばかりしている人のこと。**
**自分の得だけを考える人は、必ず損するようにできている。**
**それは周りが見ているから。**

**あの人は感謝がない。あの人は恩返しをしない。**
**お陰様の精神がないことは、**
**少しその人と一緒にいればわかるもの。**

得るだけ得て何も返そうとしない性格では、周囲はついてこない。
そのくらい人は見抜けるもの。
時間と共にわかってくるもの。
**最終的に損をするのは、「得だけをしている人」だと。**

**人生は、自分と相手の得を考えられる人が、**
**本当の損得勘定ができる人。**
**「得々勘定」のできる人が、大きな幸せをつかむもの。**

31

# 叶うは口に十

叶うは口に十。

願いや希望や夢は口に出して 10 回言うと叶う。

いろいろな人を見て、とりあえず自分の夢や希望を口に出すことはいいことだと思う。
内に秘めることも大切なことがたくさんあるけれど。

**自分は何を目指しているのか、**
**何が夢なのか、**
**何が好きなのか、**
**誰が好きなのか、**
**どうしたいのか、**

**口に 10 回出してみると良い。**

**11 回口に出すと吐くになるので、言いすぎないように。**

# カレンダー開運法

カレンダーを買うなら、小さなカレンダーから始めて、
毎年少しずつ大きくするといい。

最初は卓上のカレンダーでいい。
そこから壁にかける小さなカレンダーへ。
徐々に大きくして、最後はビックリするくらい大きくする。
部屋とのバランス悪い！　と思うくらい大きくなったら、
好きなカレンダーを購入するといい。

これは簡単にできる開運方法の一つ。

32

なぜカレンダーを毎年大きくするといいのか？
**カレンダーは１年中、目にするもの。**
**小さなカレンダーから、少しずつ大きくするのは、**
**書き込むスペースに伴って、自分を忙しくするため。**
**予定を書き込み、その量が増えることで、**
**やる気になったり、前向きになれたりもする。**

カレンダーは部屋にあるから自然と見てしまう。
空いている日があれば、何をするか考える。
予定を自然と調整する。遊びや買い物の予定でもいいので、
カレンダーに書きこんでみましょう。

最初は小さくてもいい。空欄があれば仕事を入れようと思う。
段々大きくすると、それだけ予定を入れるようになる。
少し先まで見通して、計画を立てることはとても大切。
カレンダーはとても大切なもの。

占いよりも大切な話
ナビ #3

# 恋愛の運気をあげるすぐできる話は

Episode No.

3, 8, 12, 16, 20, 38, 39, 46, 86

気が弱すぎる、我が強すぎる。
人に興味がなさすぎる、感謝がなさすぎる。
段取りができない、行動できない……。
恋愛下手にもいろいろなタイプがいますが、
恋愛上手になりたければ、
「好きになってもらえる自分」をつくりましょう。
雑に生きないようにして、相手を褒めて、
相手の魅力を語れる「素敵な人」になりましょう。

L O V E

占いよりも大切な話
ナビ #4

# 恋愛とモテの話は ――

Episode No.

132, 141, 143, 160, 183

「結婚できるか、できないか」の確率は50%。
「生きるか、死ぬか」も50%。
人生は常に50%で、本当はただそれだけで。
生きていることが当り前になっているのは、
半分の「生きる」方に転がっているだけ。
半分もチャンスがあるのだから、
臆病になって立ち止まっているより、
その可能性にかけて動いた方がいい。
「モテるか、モテないか」だって、
半分もチャンスがある。

# 恋の始まりは、<br>意外なところからやってくる

33

「人を好きになれない」
そんな相談が最近増えてきた。
男女関係なく増えてきた感じ。

恋愛にはリスクがつきもので。
相手に合わせる時間が必要だし、
お金もかかるし、自分の時間も減る。

それで交際を面倒だと思ってしまったり、
損得を考え始めると、恋から遠のいてしまう。
過去に恋愛で痛い目に遭った場合も、恋に臆病になってしまう。

理由は他にもいろいろあると思いますが、
もっと他人に興味を示してみましょう。

他人は、自分とは違う考え方や、違う価値観を持っている。
なぜそんなことに興味があるのか、話を聞いてみるといい。

会話の中で、自分と違う考え方、知識、生き方など、
いろいろなところに興味を掻き立てられ、魅力を見つけられる。

魅力のない人はいないから。
自分に自信を持って、最後は度胸を見せて。

立場や状況を考え過ぎて、恋から遠のいているなら、
とりあえず、たくさんの人に会ってみるといい。

世の中には、いろいろな人がいる。
自分を好きになってくれる人はたくさんいるし、
あなたが好きになる人も、必ずいる。

もっと人に会ってみましょう。
恋愛目線で会ってみましょう。
たくさん会えば、そのうち恋心も生まれてくるから。

相性のいい人は必ずいるから。

**まずは人に会って、**
**人に合わせて、**
**人に興味を示して、**
**人と話してみましょう。**

**恋の始まりは、意外なところからやってくるから。**

# 言葉は力

34

「お金ないな～」
「お金に困ってる」
などと、つぶやかない方がいい。

何年前か忘れましたが、
「お金は、お金がある！　と言うと、自然と集まってくる」
そんなことを言われた。それ以来、どんなに貧乏でも、
「お金がない」
なんて言わなかった。

常に「お金がある！」
と言っていたら、
本当にお金に困ることがなくなった。

**お金は、**
**「お金がある！」と言うところに**
**集まってくる。**

このくらいなら難しくないので
騙されたと思って、言ってみてください。

言葉は力。

# 賢い人は常に戦わない

どの時代も争ってはいけない。
**戦を避けて互いに生きる道を見つけることが大事で、**
**戦いを略すから戦略であり、敵をつくらないから無敵であり。**
火種をつくってもいけない。
何もしていない人と、わざわざ戦ってはいけない。
敵をつくって、ライバルにすることを考える人もいるが、
それで力が発揮されて、他の人の人生に役立てるならまだしも、
不要な争いは常に避けなければならない。

**賢い人は戦わない。**
**戦うのではなく、敵すら味方だと思い、**
**相手を知ることで、大きな結果を残している。**
**好き嫌いをなくすことは非常に大切。**

**好きな仲間ができると、嫌いな敵をつくる人がいる。**
**共通の敵がいれば結束力が高まると思っているが、**
**それではまた無駄な争いをつくってしまう。**
**許し、認め、尊重することが大事で、**
**どんな人とも仲良くなれば、火種の多くは消えるもの。**

人を排除したり、潰そうとしてはいけない。
そこに恨みや妬みができてしまう。
互いに助け合い、協力し合えばいい。
共通の敵とは、自然災害や病気や老いくらいにして、
それに対して互いに助け合って、知恵を絞り合えばいい。
どんな人とも仲良くなる方法を考えて、争わないようにする。
人生はそれだけで十分。

# 運をコントロールするには？

運のいい時期は、アウトプットする時期。
運の悪い時期は、インプットする内容を知る時期。
運が普通のときは、インプットする時期。

12日周期で言うと、
アウトプットするのが２～４日間。
インプットをするのは６～８日間。
インプットをする内容を知るのが２～４日間。
アウトプットに２日、インプットに８日、
インプットする内容を知るのが２日と覚えるといい。

この日数は、人や状況によって変化する。

アウトプットが４日、インプット４日、
インプットする内容を知るのが４日の場合もある。

ただ、インプットに４日でアウトプットが４日だと、
全部出し切ってしまう。
疲弊しやすくもなる。
だから、このバランスはとても大事。
吸収しながら出せるといい。

36

このバランスがいいと、人生はとても面白くなる。

**入れたものは、必ず出さなければならない。**
**出し切ったら、今度は吸収しなければならない。**
**吸収しながらも、出せるといい。**

**自分の知っていることを全部教える。**
**自分の知っていることをすべて伝える。**
**出し切るのを恐れる人がいるが、**
**出し切ってみると、また成長できる。**

**出したら、また吸収しようとするのが人だから。**

**ケチケチしているから、運も味方しない。**
**偉そうに教えるから、幸せにならない。**

**アウトプットとインプットのコントロールは、**
**運をコントロールするのと同じこと。**

# 自分が変われば世界は変わる

37

人生は自分次第で簡単に変わるもの。
ところが、人生は自分次第だからと、他人を助けなかったり、
他の人のために生きられない人がいる。

人生は自分次第なんですよ。
自分が変わらなければ、いつまでたっても世の中は面白くならないから、思い通りにならないことへの不満が溜まってしまう。

自分次第で、不安もなくなるし、
自分次第で、簡単に楽しくもなる。

そのためにも、自分中心の生き方をやめること。
優しくすること。
親切になること。
思いやりを理解することが重要になる。

自分が、他人を助ける人になれば、
自分が助けるから、他人も助けてくれると思える。
自分が弱い人に力を貸すから、自分が弱い立場になったときに、
人に助けてもらえると思えるもの。
すべては自分次第。

自分が他人を馬鹿にしているから、
自分も他人から馬鹿にされると思ってしまう。

自分のためだけに生きているから、
他人も自分のことだけ考えて生きていると思ってしまう。
自分が誰も助けないから、
他人も誰も助けてくれないと思ってしまう。
自分が悪い性格だから、
他人も性格が悪いと思ってしまう。

**世の中を居心地悪くしているのは、自分なんですよ。**
**そんな自分はいらないんですよ。**

**早く自分を捨てて、自分の考えを改めて。**
**自分のことだけを考えない生き方を。**

**どんな世の中が素敵なのか、**
**どんな人が素敵で、どんな人が魅力的なのか。**
**よく考えて、自分がそうなれるように生きてみる。**
**人生は、自分次第で簡単に変わる。**
**それはつまり、自分を変えるということ。**

**現状に不満や不安があるなら、**
**己に「改めることがある」ということ。**

**不満や、嫉妬や、**
**妬みを抱いている自分を、捨てればいい。**
**自分が変われば、世界は変わる。**
ただ
そう思っただけ。

# 髪形を変えるとモテ始める

38

恋人がしばらくいません。
数年以上、彼氏ができません。
出会いがありません。
そんな女性は、とりあえず髪形を変えてみましょう。
彼氏が数年できないのは、ずっと同じ髪形のせいかも。

一番は、美容室を変えるのがいい。
行き慣れた美容室から、思い切ってオシャレなお店や、
モテる友人に紹介してもらったお店に行ってみましょう。
「可愛い髪形にしてください」
と、オーダーしてみてください。

できれば、男性の美容師がいい。
男性がいない場合は、
自分より若くて綺麗な美容師さんに切ってもらいましょう。
このアドバイスで、何人もの人に恋人ができました。

単純に、イメチェンって大事だというのもありますが、
慣れた美容師さんではなく、
新しい人に、あなたの別の可愛さを見つけてもらいましょう。

**自分の魅力は、案外自分で気がつかないことが多いから。**

しばらく恋から遠のいている人は、試してみてください。
男性にも言えることですが、髪形って大事ですよ。
いいな〜、髪形を変えられる人は……。

# アドバイスはしない

恋の主導権を握るには、
異性との会話でアドバイスをする方がいい、と考える人が多い。

でも、それは間違いです。

**恋愛で、**
**人の話を聞いてくれる人はモテやすく、**
**自分の話ばかりする人はモテなくなる。**

相手の話には、同意するか、うなずくのが一番いい。

ただし、理屈好きや、髭を生やした男性の場合は、
ある程度、反論やアドバイスをしたあとに、
相手の話を聞き入れると、仲良くなれる場合がある。

**男女の会話にアドバイスは不要。**
**ただし、髭の男性は、**
**少しのアドバイスを欲しがるかも。**

39

# 40

MONEY

「お金持ちと
結婚できる星」
よりも
「お金の価値の
わかる人と
結婚できる星」
の人のほうが幸せ。

# そろそろ結婚しようかな

41

25 〜 30 代の女性からの相談が多い。
「結婚したいです」
「彼氏ができません」
などなど、聞き飽きるほど同じ相談を受けた。

相談の第一声目で、この人は「すぐに恋人ができるか」がわかる。
「モテません」
「出会いがありません」
「仕事が忙しい」
この辺りはちょっと時間がかかる人。

「そろそろ結婚しようと思うんですが」
「そろそろ恋人をつくろうかな〜と思うんですが」
そう、この**「そろそろ」と言う人に、**
**数ヵ月で恋人ができたり、**
**一年以内に結婚したりする人が多い。**

最初の頃は「何？　その余裕は？」
と思っていましたが、その余裕が大切かも。
余裕が魅力にも見えるのかも。

「あ〜出会いがない」「結婚したい！」
などとつぶやく人は、
「そろそろ恋人つくろうかな〜」
「そろそろ結婚しようかな〜」
に言い換えてみてください。
**「余裕やゆとりは、魅力に変わる」**から。

# 運をつかむために必要な4つの力

42

運をつかむため絶対に必要な４つの力。

**1. 挫折や失敗を耐え抜く精神力**
**2. 不慣れや苦手を頑張る意欲**
**3. クヨクヨしない、恥ずかしがらない、楽観的な生き方**
**4. 好きなことへの集中力**

挫折や失敗を耐え抜く精神力。
挫折しても、失敗しても。
そこに向かって挑戦し行動した結果なだけで、
挑戦した、行動したことの方が大事なんですから。
挫折も失敗もしないで成功する人はいない。
だから、挫折や失敗を耐え抜く精神力を
しっかり身につけなければならない。
どう身につけるかは、まずは行動する。やってみる。

不慣れや苦手を頑張る意欲。
子どもの頃は、誰だって字は読めないし、数字も理解できない。
それを何度も繰り返し学んで、
字が読めるようになり、数字もわかるようになる。
そもそもは、歩くことすらできなかった。
ハイハイから立ち上がって、何度も転んで、歩けるようになった。

すべての人は、前向きでポジティブだから歩けるようになる。
不慣れや苦手から簡単に逃げない。
乗り越えたから得られる幸せがたくさんある。

そこをもう一つ頑張ってみよう。

クヨクヨしない恥ずかしがらない楽観的な生き方。
過ぎ去ったことをクヨクヨしない。
反省する時間は大切ですが、後悔する時間は無駄。
過去に戻ってやり直しても、また違う失敗をするかもしれない。
終わったことは変えられない。
恥ずかしいと思う気持ちを捨てる。
恥だと思うのは、自分が凄い人間だと勘違いしているから。

わからなくて当然、知らなくて当たり前、できないことは普通。
開き直って、楽観的に生きられるくらいの図太さを身につけるためにも、自分が正しいとか自分は賢いなどとは思わない。

好きなことへの集中力。
時間を忘れてのめり込める。
その力を、集中力を身につけて、それを他に応用する。

ゲームが好きで、何時間もできるなら、仕事をゲームだと思う。
好きなアーティストに熱を上げるなら、恋人にもその情熱を注ぐ。

**そしてこの4つの力のバランスが大事。**
**どれか1つではいけない。**

**自分の成長をもっと楽しんで。**
**人生とは苦労することが当たり前なら、**
**その苦労をどう受け止めて、どうしのぐのか。**

**考え方や知恵で人生はどうにでもなるもの。**
**4つの力を身につけられれば、自然と運もつかんでいるもの。**

# 運は品が好き

43

上品を忘れてはいけない。
品格を忘れると多くを失う。

**運は品が好き。**
**品のあるところに、運は自然と集まるもの。**

挨拶やマナーや言葉遣い。
少しくらい口が悪くても、上品な態度があれば、
どこか許されたり、流れを変えることができる。

**気品を持つことはとても重要で、**
**下品な人は成功もしないし、幸運にも恵まれない。**

**一瞬の運はあっても、チャンスを一回つかんでも、**
**逃してしまう人の多くは品がない。**

**品を忘れないようにするだけで、人生は好転する。**

自分の服装や外見。
言葉遣いや態度。
品があるか確認してみるといい。
品がないなら変えてみるといい。

物を買うときも、物事を選ぶ基準に
「品があるかどうか」という視点を持って判断してみるといい。

# 人に合わせる楽しさがある

「人の言うことを聞くのは嫌だ」と言う人がいるが、
それでは視野が狭くなる一方。
他人に合わせるって、実は楽しいことが多い。

知らないお店に行けたり、経験のないことにも出会えるし、
人がきっかけで、新しい趣味もできたりする。

他人に合わせるって、発見があるし、楽しい。
**所詮自分一人の情報なんて、大したことがないから。**

**人を避けたり、批判していると、**
**見られなくなってしまうことが多過ぎる。**
**他人に合わせて、流されて、**
**その中で何を学べるか。**
**人に合わせることで、**
**自分だけの狭い世界がもっと広がる。**

「今日は他人にすべて合わせてみよう」
たまには、そんな日があっていいかも。

人に合わせる楽しさを、ドンドン見つけてみましょう。

# 人から認められるには？

「人を認める人間が、人から認められる」

この人は凄いな〜。
この人は自分と違う。
この人に憧れる。
この人みたいになりたい。

**他人を素直に認められる。**
**この心って必要だと思う。**

45

他人を批判したり、妬んだり、嫉妬ばかりでは、
いつまでも前に進めない。

**人間だから、時々人と比べて羨むこともあるけれど、**
**「じゃ〜自分も頑張ろう！」**
**そう素直に思える人は、周囲も認めてくれる。**
**そんな気がする。**

あいつは凄いな〜。
一度認めて、自分も認められるように頑張ればいい。

ただ
そう思っただけ。

# 「好きになれそうな人」を探してみるといい

「好きな人ができない」
「理想の人が現れない」
「ときめく恋愛ができない」

恋愛の相談は多いですが、
「相手のことが本当に大好きで、相手も自分のことが大好き」。
そんなカップルって少ない。

だいたいどちらかが
「好きになれるかも」
「この人なら付き合えるかも」
そんなところからスタートしている場合が多い。

46

妥協と言えばそうだけど、「好きになれるかも」は大事。
好きになる前に交際をスタートさせてみるのも、いいものです。
理想や憧れを持つのもいいですが、外見やしゃべり方や性格やら、
全部チェックしていたら、欠点のない人なんていないから。

「この人ならいいかな～？」で始まって、
知らないから気になる。
気になるから恋が始まる。

**しばらく恋から遠のいている人は、**
**好きな人や理想の人を探すより**
**「好きになれそうな人」を探してみるといい。**

「すみません」の
ほとんどを
「ありがとうございます」
に変えるだけで、

47

人生は簡単に
楽しくなる。
「ありがとう」を
口癖にするといい。

# 押し

恋愛において、
「押し」。これは必要。

「押し過ぎて失敗した」
なんてことをよく聞きますが、
押し方と、押す相手を間違えなければ、
押すだけで簡単に交際がスタートする場合がある。

人間誰しも、好かれて不愉快になることはまずない。

押すのも、押されるのも、面倒だな〜、うざいな〜。
そんなことを考えていたら、恋なんてできない。

押すときに、一番必要なのは、明るさ。
「飲みに行こうよ!!　いいじゃん!!」
と、元気よく言われると、悪い感じはしない。

真面目に、
「……飲みに行きませんか？」
の押しは、人によりますが、重く感じてしまう。
まずは明るく元気に押す。

断られたら、
「そっか〜、じゃあ、また誘うね！」
**元気に引く。**
**明るく引く。**
**押すときも、引くときも、明るく元気に。**

恋に対して、真面目に考えるのはいいですが、
何より初めは、
一緒に遊びたいな〜
一緒にいたいな〜
と思わせればいいだけ。

真面目な感じを出すのは、
交際が始まってからでいいかも。

まずは、明るく元気よく、押す!!

中途半端に押すのではなく、
**元気に明るく、全力で押す!!**

**ダメなら、元気に明るく引く!!**

**元気に明るくお試しを。**

# お金が好きなら、お金を使わないはず

先日知り合いの息子さんがマンションを購入した。
子どもの頃からのお年玉を貯め、
高校１年生からアルバイトをして、貯めたお金で購入。

この息子さん、今は一人暮らしをして親の支援はほぼなく、
自分で生活をして、マンションを購入した。
現在高校３年の18歳で、数千万円のマンションを購入。
未成年なので購入手続きは親がしましたが、
マンションのお金は自分で貯めて、自分で購入。

49

アルバイトをしたお金で、おもちゃやゲームやカードなどを売買してお金を増やし、中古ショップに置いてある価値のあるものを見つけてきては売って、マンションまで手に入れてしまった。
「金運」などどうでもよく、彼はしっかり努力した上の目利きで
18歳でも数千万円を貯めることができている。

親は非常にケチで、おもちゃなどは一切買い与えていない。
16歳から一人暮らしをして、バイトもして、
普通に高校にも通って、大学受験もする予定。

極端に頭がいいわけでもなく、環境が良かったわけでもない。

何だったら、家庭環境的にそれほどいい家ではない。
でも18歳で、東京都内でマンションを買えるくらいは
努力でできてしまった。

これは運ではなく、彼の努力です。
占いで金運を気にする前に、何がどのくらいで売れるのか、
生きるためにもっとお金に執着するといい。

**多くの人は、お金が好きではない。**
**お金が好きではなくて、お金を使うことが好きなのに、**
**お金が欲しいと言っている。**
**それではお金は集まらない。**
**お金が好きなら、お金を使わない。**
**徹底してお金を集めることに集中するといい。**

18歳の高校生にできたことが、大人にできないわけがなく。
子どもだからできる目利きもあるが、
知恵と工夫は常に大切だと、
高校生の彼に教えてもらった感じがする。

# 運を呼び込む方法

運は自分で呼び込めます。
どうやったら呼び込めるか？

**1. 健康であれ**
**2. 人を好きになれ**
**3. 自分を好きになれ**
**4. マイナス思考はやめる**
**5. 本心で話す**
**6. 素直に生きる**
**7. 周りを喜ばせる人になる**
**8. 悪意のあることはしない**
**9. 部屋は綺麗にする**

50

# 縁のつながりは、運をつかむ

運の正体の一つは縁。
人との縁で人生は簡単に変わる。

親や兄弟の縁。
先生や友人の縁。
先輩や上司の縁。
仕事や会社の縁。
恋人や結婚の縁。
いろいろな縁が複雑に絡み合って我々は生きている。

そしてあなたの幸せのすべては、他人がつくってくれている。
あなたも他人の幸せをつくっている一人。

すべての縁がつながって、今を生きている。
少しでも縁がつながっていなかったら、
今この瞬間は存在していない。

**縁を大切に。**
**縁をつかめば、運もつかめる。**
**縁を大事にすることで、人生は大きく変わる。**

**運が悪いのではなく、縁をつかんでいなかっただけかもしれない。**
**運がいいのではなく、縁を上手につないでいただけかもしれない。**

52

# 他人を許し、自分を許すことが成功への近道

他人を許し、自分を許すことが成功への近道。

「あいつは絶対に許せない！」
そう思えば思うほど、無駄な時間が増える。

そんなに嫌いな人のことを考える時間は無駄で、
嫌いな人で、自分の人生を無駄にする方が馬鹿らしい。

時間という名の魂を削っているだけ。

**「許せない」と思うなら「許せばいい」。**
**「許せない」と思えば思うほど、**
**許してしまった方が前に進める。**
**変化が始まる。**
**一歩成長できる。**

**許せない気持ちを持ち続けても、過去が変わるわけじゃない。**
**だったら、そんなことを考えてもしょうがない。**
**自分の考え方、自分の気持ちが変われば、楽になる。**
**許せない自分を許せばいい。**

自分への気持ちも同じで、失敗や挫折やミスは誰にでもある。
後悔することもある。
勉強しなかった自分を、過去のサボってしまった自分を許して、
環境や親を許すことで前に進める。

いつまでも変わらぬ過去を恨むような性格だから、
いつまでもそこから変われない。
苦しめているのは己。
己が己を苦しめているだけ。

すべてを許すしかない。
許せば道がひらける。
目の前が明るくなる。

嘘でもいいから、今「許す」。

「あの人を許す」
「あの出来事を許す」
と言葉に出してみるといい。

**何度も「許す」と言い続ければ、**
**本当に許せるようになるもの。**
**許せないような嫌な人のために**
**あなたが苦しむ必要はない。**

**そこから解放されたいなら、自分が変わるしかない。**
**自分が許してしまえば、世界も変わってくる。**
**変えるためにも、変わるためにも、許すしかない。**

**許せば、自分が一番楽になるから。**
**許せば、前に進めるから。**

53

まずは今の人生を
受け入れて楽しむこと。
楽しめるようになると、
悩みや不安は
簡単に消えてしまうから。
足りないのは
楽しむ気持ちと
楽しむための考え方。

# カーテンを洗うと、運気が入れ替わる

54

運気が悪いな〜。
最近いいことがないな〜。

そんな日々や、
楽しくないな〜、面白いことが浮かばないな〜。
そんなときは、部屋のカーテンを洗ってみるといい。

なぜ？
光の入る窓は空気の流れ。
空気は空（から）の気。
気を運動させるから、運気を変える。

毎朝窓を開けたり、家に帰ったら空気の入れ替えをする。
よどんだ空気を入れ替えるといい。

カーテンは窓にかかっているもの。
気の流れに大きく影響する。
ホコリのついたカーテンでは、
せっかくの綺麗な空気も汚れてしまう。

だからカーテンを綺麗にしましょう。
頻繁に買い替えるわけにはいかないから、
時々カーテンを洗ってみるといい。

オススメです。スッキリします。
お時間のある時にどうぞ。

WORK & LIFE

占いよりも大切な話
ナビ #5

# こう考えた方が運気が開ける見方・考え方の話は

Episode No.

53, 67, 70, 71, 75, 76, 79, 80, 83, 85, 89, 90, 94, 95, 97, 101, 105, 108, 109, 116, 117, 119, 121, 126, 128, 130, 134, 135, 137, 148, 152, 157, 161, 168, 173

ものの見方を変えれば、
人生は変わる。
「大変……」と思ったら、
「大きく変わる」から「大変」で、
それは当たり前のことだと思えばいい。
大きく変われるだけの伸びしろが
自分にはあったんだ、
と思えば嬉しくなる。
何でもプラスに、ポジティブに考えていこう。

RELATIONSHIP

占いよりも大切な話
ナビ ＃6

# 自分の見せ方や他人からの見られ方の話は

Episode No.

24, 77, 82, 91, 96, 106, 110, 112, 113, 115, 120, 129, 131, 133, 136, 138, 140, 144, 151, 184

この世は「陰陽」で成り立っているから
プラスがあれば、必ずマイナスも存在する。
だったら、物事をどう見ればいいか。
どう考えれば、幸せだと思えるか。
ポジティブにならなくても、
ポジティブに見せる。ポジティブに振る舞う。
ポジティブな感じを想像する。それでいい。
今あるプラスを、今ある幸せを、
自分で勝手になくさないように。

# 何でも肯定するゲームをすると、人生は変わる

55

何でも肯定するゲームをすると、運は簡単に良くなる。
己が理解できないことを、受け入れられないことを、
人は簡単に否定する。
嫌い。怖い。
つまらない。面白くない。

**何でも受け入れてみるといい。**
**何でも善意の目で。**
**何でも肯定的なとらえ方を。**
**何でも良いことだと思いこんでみる。**
**すると、人生も運命も運気も簡単に変わり始める。**

否定的にならないゲーム。
何事も肯定するゲームだと思って１日を過ごしてみるといい。

理解ができなくても
「それいいですね」
「それ面白いですね」

しばらく続けていくと、
批判や否定をするから
己の人生が上手くいかなかったことがわかってくる。

何でも「いいこと」だと受け止めてみるといい。
肯定を続けるだけ続けてみるといい。

# 「だったら」を口癖にすると、人生はまた楽しくなる

56

愚痴や不満は誰にでもあるけれど、
どうしたらそれを言わないような人生を歩めるのか。
成功者や幸せな人の多くは、愚痴や不満を言わないのではなく、
愚痴や不満を言わないような自分を育てただけ。
愚痴や不満を言ってしまうのは、至らない己だから。
己が成長し、己の実力がつけば、世界は変わる。

**愚痴や不満を言うくらいなら、「だったら」を口癖にするといい。**
**「だったらこうしましょう」「だったらこっちの方がいい」**
**「だったら今やりましょう」「だったら変えましょう」**
**「だったら」を前向きに使う。**
**「だったら」を言えばアイデアを出すしかない。**
**まずは言葉が先でいい。**

今の自分に満足できないなら、
「だったら」どうすればいいのか。

恋人が欲しい結婚がしたい。
「だったら」どうすればいいのか。

己のことだけでなく、周囲の人にも言えばいい。
「だったらこうすればいい」
それが言えるようになると、不思議と人が集まる。

「だったら」を言葉に出して、
アイデアを出して、道を変えればいい。

57

# 怒りは、感情ではなく学習能力

怒りとは、感情ではなく学習能力。
一瞬ムッとする。一瞬の怒りはさすがに感情なんですが、
怒り続けるのは、学習していないだけ。
恨みや妬みとは、最も学習能力の低い人が持ち続けるもの。
学んでいないから、いつまでも怒っている。

怒ってはいけない。
人間なんですから。

人間だから怒るのは当たり前だと思っている愚かな人がいますが、
一瞬の話ではなく、継続の怒りについての話なので
一緒にしないように。
一瞬は仕方がない。
それすら学習を積み重ねれば、怒りもしなくなる。

では、子どもの頃に
「おまえのかあさんで〜べそ」と、
これで怒ったり、泣いたりした子がいる。
もしくは、そんな経験のある時代が、誰にでもある。
「あっかんべ〜」からのケンカ。

大人になってから、それで怒ったりするのか？
ほとんどの人、すべての人と言っていいほど、怒ることはない。

人の怒りは、己が雑に扱われたり、軽視されたり、邪険に扱われたときにやってくるが、学習すれば反応は変わってくる。

**昔から「金持ちケンカせず」と言う。**
**お金があるから、些細なことでは怒らないのではなく、**
**ケンカをしない人だから、お金持ちになる。**

**無駄なことで怒ったり、ケンカをするような人は**
**お金を持つ資格がない。**
**そんな魅力のない人には、お金は集まらない。**
**どんなときも、怒ったり、機嫌が悪いことを**
**表面に出さない人の方が、お金や権力も手にできる。**

感情をむき出しにしたり、怒り散らす人も時々いる。
よほどの天才ならまだしも、一瞬だけの成功タイプは
必ず一度落ちることになる。それは見ていればわかるもの。

**怒りとは学習能力。**
**人生には「運気が悪い」と言われる時期がある。**
**そこではイライラすることが起きる。**
**怒ってしまうような出来事が起きる。**
**そこで、怒らない方法を学ばなければいけない。**

人と縁を切ってしまう方法。
気持ちを落ち着かせる方法。上手に返す方法。
受け流すのか、聞かなかったこと、見なかったことにするのか。
いろいろな方法があるが、すべての怒りを子どもの頃の
「おまえのかあさんで〜べそ」程度のことだと思えばいい。

怒りが感情ではなく、学習能力だと早く気づいて
早く学んで怒らない方がいい。
そんな人に、運もお金も人も味方する。

# 好きになってくれたことを忘れないように

58

「自分が好きでいたい」
「自分が！　自分が！」

自分が好きで始まった恋なのに、
恋人が自分のことを好きになり始めたら、その恋を破壊する。
そんな人がいる。

「好きでいたいけど、好かれることは望んでいない」

世の中全員が、真面目でいい人と交際して、結婚することが幸せとは限らない。
危険でダメな人と恋をすることを望んでいる人もいる。

1割はそんな人。このタイプに会うと、
幸せになることは難しいな〜と思ってしまう。

好かれることに慣れていない。
好かれることでは満足できない。

自分が好きでいることだけが大切。
身内や恋人になると途端に興味がなくなり、扱いが冷たくなる。

「釣った魚に餌はやらない」
くらいならまだいい。
「釣った魚には興味がない」

そんなタイプがいる。

真面目に交際しようと思って尽くしても、
このタイプには響かない。

自分がすべてだから、本人はそれが当たり前だと思っている。
それで、一般的な幸せと言われるものを望もうとするから、
揉めごとが増える。

冷静に考えて、
自分のために頑張っている人に感謝できないと。
交際してくれたことに感謝しないと。

すべてが「自分」ではいけないことを
早く覚えないと。

**好きになってくれたことや、**
**交際が始まった頃の気持ちを忘れないように。**

「自分が！　自分が！」
「我が！　我が！」

こうなりがちな人ほど、
自分を好きになってくれたことへの感謝を忘れないように。
ただ
そう思っただけ。

# 人ってそんなもの

楽しそうに生きているのに……。

そう思う人と話してみても、悩みや不安はある。
ただ、元気で明るい人は、悩みや不安を抱えていても、
そんなことを一切見せない。
そんな生き方の方がいいと思う。

周囲から心配されたり、つまらなそうな顔をして仕事をしたり、
口角が下がった顔で日々を過ごすよりも、
笑顔で明るく元気そうで、口角を上げて生きていけば、
自然に人も運も集まってくる。

運は笑顔に集まってくる。
つまらなそうな顔をしている人は、
運をドンドン逃すだけ。

**明るく元気にするだけで、幸運がドンドンやってくる。**
**幸運がドンドンくるから、明るく元気になれる。**
**単純なことで、これを日々積み重ねると、本当に変わってくる。**

明るい気持ち、元気な気持ち。
**不安だから、悩みがあるから、不幸だから、**
**現状がつらくて、今がつまらないと思うなら、**
**明るく元気に見せないと。**
**そう見せるから、そうなっていくもの。**

人ってそんなもの。

# 60

ソリの合わない人は
いるけれど、
世の中いい人の方が
多いもの。
ソリの合わない人に
注目して生きないように。
自分の目線を変えれば
世界は楽しい。

# 61 信用されるように生きること

自分にやましいことがある人ほど、束縛する。
信用されていない人ほど、束縛される。

束縛は愛情表現の一つかもしれないが、
それは結果的に相手を窮屈にさせる。

交際したことのある女性の親がとてもうるさく、
「何時に帰ってくるの？」
「どこ？　誰といるの？」
「何を食べてきた？」
「彼は何をやっているの？」
まあ心配なのはいいんですが、結果的にその子は面倒になって
嘘をつくようになる。

親の良かれと思った行動が、嘘をつく子にしてしまうという
話ですが、それは親が娘を信用していないから。
子どもの方も、親に嘘をついたり、ごまかしたりしているから、
親からも、いつまでたっても信用されない。

「うちの親はうるさくてね〜」
もう30歳に近いんだから、しっかり親と話をする必要がある。

愛情のつもりの束縛は、いずれ嘘をつく原因になってしまう。

恋人との交際が始まって間もない頃は、まだ信用できないから
といって相手を束縛する。
結果的に、信用されていないと思われて、相手は離れてしまう。

**大切なのは信頼関係。**
**相手をどれだけ信用するか。**
**相手にどれだけ信用されるように生きるか。**

**恋人でも、親子でも同じで、**
**相手に対して誠意があるのか。**
**相手に対して素直に生きているのか。**

「この人なら浮気をしない」
「この子なら道を外さない」
そう思って安心してもらえるように生きないと、
お互いが窮屈になってしまったり、「信用できない」と疑心暗鬼に
なって、気持ちが離れてしまうことがある。
愛情のつもりでも、それが伝わらなかったら窮屈なだけ。

互いに信用できるように、どう生きるか。

**まずは信用する。**
**信用されるように生きることがとても大切。**

62

# 相性より愛情

「彼との相性を見てください」
こんな質問を1年間に1000回以上は受けている。

いつも思いますが、相性がいいか悪いかって、
当人同士が一番わかってるはずでは？

「会うたびにケンカばかりで……」
「一緒にいても面白くない」
「会話が続かない」

そりゃ〜もう相性が悪いですよ。
と、突っ込みたくなる人も多いもの。

そもそも相性って何？
という質問も多いのですが、
僕の考える相性はこうです。

相性70%の場合は、
素直に自分を出しても仲良くしていられる確率が70%
ということ。

では残りの30%は？
その30%は、相手に合わせる分の%だと思うといい。
努力しないといけない確率が30%ということ。

相性50%は、半分は努力しないとダメで、
相性が10%だと、90%は努力してください、ということ。

「じゃあ、どんな人とでも努力次第で付き合えるんですか!!」
と言われそうですが、
ここでの努力は「お互いの努力」という意味なので、
自分ばかり努力しても、相手がサボってしまったら合わない。
相手も同じくらい頑張らないといけない。

「じゃあ、お互いに頑張ります!!」
と言っても、人間は弱いもの。
頑張って努力しても、ときにサボってしまったり、
ふいに心に隙ができてしまう。
無理をして付き合っても疲れてしまう。
やはり自然にしていられるのが一番。

「結局、相性って大事！」
と思われそうですが、僕が常に思うのは、
**「相性より愛情」**
**相性は深まらないけど、愛情は深まるから。**

**愛情のある人になってください。**
**「相性が悪い!!」なんて言っていないで、**
**相手を思いやる気持ちや、**
**感謝の気持ちを大切にして。**

**愛嬌があれば、**
**その人を大切にしたいと思うから。**

**大切にされる生き方をしていれば、**
**愛情ある人には相性のいい人が自然にやってくるから。**
相性より愛情。

# わらしべ長者

63

わらしべ長者の話は、「わら」から物々交換をして、
最後に大きな富を得る話だが、
この話の大切なところは、「疑わない心」と「素直に生きること」。

最初に参拝に行った先で観音様に
「最初に手にしたものを大切にしろ」
そう言われて、一番最初にワラを触わってしまった。

そこから始まり、多くの人は
「わら？　きっとこれではないだろう」
と思ってしまう。
そこからの物々交換でも、主人公は疑うこともなく
素直に受け入れていた。
そこに欲はなかった。

欲を失くし、素直に受け入れる。
それが、自然と富をつかむことになる。
ここが最大のポイント。

多くの人は、目先のお金に振り回されてしまう。

お金への価値を高く捉え過ぎてしまう。
お金がないとダメだとか、
お金があることが成功だと思い込んでしまう。

**成功とは、己の好きなことを続けられて、**
**人を残し、**
**日々平和で安泰な生活を送ること。**

**わらしべ長者の話を聞いて、**
**怠けて何もしないで、**
**物々交換で己だけ得しようなどと思っても、**
**そんな甘い人生はない。**

**怠けて得たお金は、簡単に消える。**
**素直に疑いなく、**
**純粋に欲望なく生きてみる。**

**物語の中にある**
**本当に言いたいことを履き違えると**
**伝えたいことも伝わらなくなる。**

64

# 寝る前くらいは<br>プラスの妄想をするといい

一番いい思い出がある写真は飾った方がいい。
一番楽しい思い出がある音楽は一日一曲は聴いた方がいい。
一番楽しい思い出のある香りをかぐといい。
一番面白かったことを思い出すといい。

寝る前くらいはプラスの妄想をするといい。

24時間ずっと続けろ！　とは言いません。
せめて寝る前や、朝起きて本当に少しでもいいので、自分がテンションの上がること、少し嬉しくなることを日々やってみるといい。

不思議と自然と運気も良くなるもの。

寝る前に面白かったことを思い出して、ニコニコ笑顔で寝る。
これが一番運気を上げる。

難しくはない。
誰にでもできる簡単に運気が上がる方法。

大事なのは続けること。
運の良さを感じるまで、人生がもっと楽しくなると思えるまで続けてみるといい。

**笑顔で眠れるように努めれば、運は上がる。**
**寝る前くらいはプラスの妄想をするといい。**

# 好きなことは
# ドンドン言った方がいい

言ってみるものです。
自分の好きなことは、ドンドン言わないと、何も始まらない。

どんなものでも誰かが関わっている。
「好きだ」と褒められたら嬉しいもの。
けなされたら嫌に決まっている。

**自分の好きなことをドンドン言って、**
**好きなことを褒めて褒め続ければ、**
**それが伝わり、好きなことにも近づける。**
**近づくためにも、褒め続けて、好きと言えばいい。**

65

とても好きなことでも、みんな飽きてしまう。
あんなに好きだったのに、続かなかったりもする。
自分の好きなことでも、褒め続けられないこともある。

**だから自分の嬉しいことはドンドン表現すればいい。**
**周囲に伝え続ければ、人から人へと伝わって、**
**夢や願いは案外簡単に叶ったりするもの。**

**言い続ければいい。**
**叶うまで言い続ければいい。**
**褒め続ければいい。**

# 3倍褒めてみて

怒ったり、ケンカをしたら、
その3倍、その人を褒めてみてください。
嫌だなと思えば思うほど、
その人のいいところを3倍、探してみてください。

見つけたからといって仲良くなれるとは限りませんが、
悪い部分だけを見ていると、
あなたもドンドンそんな人間になってしまう。
いろいろな人を、そんな目で見てしまう。

**人のいい部分を見られない。**
**そんな心にならないように、**
**人の素敵な部分や褒められるところを**
**探す心を忘れないで。**

**ケンカをしたり、怒ったり、嫌いになってしまったら、**
**その3倍、その人を褒めてみましょう。**

苦手な人、嫌いな人を褒められるようになったら、
普通の人をもっと上手に褒められるから。

66

# 人生は積み重ね

普段真面目でいい人が、ゴミをその辺に捨てた。これを見た人が、
「実はあいつは悪いやつだ！」と思ってしまうことがある。
逆に、普段、めちゃくちゃ悪い人が、
たまたま空き缶を拾って捨てただけで、
「実は良い人だ！」と思ってしまうこともある。

普段良い人がちょっと悪いことをすると一気に悪い人に……。
普段悪い人がちょっと良いことをすると一気に良い人に……。
いわゆるギャップという現象ですが。これは……ダメですよ。

67

恋愛で、失敗するタイプに多いのが、この発想をしてしまう人。
こうしたギャップに惹かれて恋が始まった人は、
付き合い始めてから、結婚してから、
「あんな人じゃなかった……」と言い、
いやいや……そもそもあんなやつでしたよ!!　なんてことがある。

「そんな一面もあるんだな」そう思わなければいけない。
「顔は怖そうだけど、実はいい人」これは良い。
見た目と違っていい人。このギャップは良いけれど……。
それがいつの間にか、本当は悪い人を一発逆転させてしまい、
それに騙されてしまう人がいる。

**人生は積み重ね。**
**たった１回でそう簡単にイメージが変わってしまっては**
**いけないし、変えてはいけない。**

そんなに簡単に一発逆転はしない方がいいと思う。

# 68 自分と相手のバランス

鐘と撞木。
このバランスがいいと、鐘は「ごーん」と良い音色を奏でる。
撞木とは己。

撞木を鍛えて、撞木を大きくし、撞木を磨くことは、
己を鍛えて、自分を鍛えて、強くすることと同じだと
イメージしてください。

多くの人は、これができている。
特に日本人は、撞木（自分）を鍛えることができている。

問題は、鐘を見ていないところ。
鐘とは、対人間関係の相手。

相手がどんなタイプなのか。
相手がどのくらいの大きさなのか。
相手はとても小さいかもしれない。
小さな鐘に大きな撞木ではバランスが悪く、響かない。

鐘には、それなりにバランスの合った撞木が必要で、
撞木は、鐘によって大きさを変えるか、
打つ力加減を変えなければ良い音は出ない。

どんなに自分が立派で勉強ができても、
相手に知識がなくて、受け入れられないなら、
それに見合った撞木に変えて、
それに見合った力加減で打てば、

ちゃんと響く。
**響かないのは、相手の鐘が悪いわけではない。**
**撞木の己の加減が間違っている場合がある。**

これは、恋愛でも、友人関係でも、何にでも言える。
言葉や話は、相手の心に響くように相手に合わせる。

**心に響くような言葉を選べるということは、**
**鐘と撞木のバランスを知っているということ。**

**バランスを考えることができると、響くようになる。**

**あなたはいい撞木かもしれない。**
**ただ、いい鐘を見つけていないのかもしれない。**

**力加減が悪いのかもしれない。**
**鐘を変える必要があるのかもしれない。**

撞木を変えるのか、力加減を変えるのか。
鐘とのバランスを図れると、いい音が出る。
よく響くようになる。

**自分と相手のバランスを、**
**撞木と鐘のバランスを忘れないように。**

ただ
そう思っただけ。

69

「好き」はゴール
ではなく始まり。
「好き」で
終えてはいけない。
好きの先の苦労や困難や
面倒を楽しんでから
本当の好きに
たどり着けるもの。
好きかどうかわかるのは
最後の方。

LOVE

## 無理だと思うから無理になる

70

無理だと思うから無理になる。
難しいと思うから難しくなる。
嫌だと思うから嫌になる。
恥ずかしいと思うから恥ずかしくなる。

簡単だと思えば簡単で、気楽に考えれば気楽になる。

人は思った以上に単純で、単純だからこそ余計なことを考えて、
身動きがとれなくなることがある。

明日がある保証は誰にもない。
明日にしていい場合もあるけれど、
今しかできないこともいっぱいある。

気になる人にメールを送ったり、遊びに誘ってみたり、
デートに誘ってみたり、
今日できることを、今日のうちにやっておくといい。
できると思えば、そのうちなんでもできるようになる。

過去を言い訳にしても、もう変わらないから。
今から変われればいい。明日に向かって変われればいい。

そう思えばいいじゃないですか。
一度っきりの人生なんだから。

楽しく元気で明るく生きていたら、
いいことが絶対に起きるから。

# 「初めて」は人生で面白いことの一つ

71

人生には初めてのことがいっぱいある。
すべてのことに初めてがあり、
最初は不慣れで、苦手だと思うことの方が多い。
ただ、多くのことは慣れる。

最初は苦手だと思っても、何度か繰り返しているうちに、
自然と慣れてくる。

「人見知りです」
そう言う人がいるが、まだ慣れていないだけ。
何度か知らない人の中に飛び込んでしまえば、
互いに人なんだから、自然と慣れる。

自分が初対面なら相手も初対面。
どうすれば相手にとっていいのかを考えるのが大人ってもので、
いつまでも自分のことばかり考えていては、成長しない。

「上司が」「親が」などと、あらゆる不満や愚痴を聞くが、
その上司は、上司になって何年目なのか。
親も子どもを育てることは初めてで、
最初は誰だって不慣れなまま子育てをしている。

上司歴 30 年なんて人はほとんどいない。
課長になって 3 年目、部長になって 2 年目など、
そんな人の方が多いもの。

あなたを部下にすることも初めてなら、あなたをどう扱うのか、
どんな指示がいいのか、試行錯誤して当たり前で。
簡単に人をコントロールすることができる人の方が少ない。
上司として部下として、互いが不慣れな中で仕事をしている。
その事実を、どこかで互いに解っていないといけない。

**経験が多い人は、場数を踏んでいる人は、**
**慣れた感じに見えるが、そう見えているだけ。**

**すべては初めてで、**
**今日の自分は誰もが初めての自分で、**
**本当は不慣れなことも、苦手なこともあるけれど、**
**経験が多い人は、簡単に動揺することがないだけ。**

**「初めて」に慣れれば、**
**「初めて」に臆病にならないだけ。**

過度に相手に期待をして、育ててもらう、
教えてもらえるなどと思い込み過ぎてはいけない。
相手も不慣れで初めてのことなんだから。

少しの期待で気楽にしておくといい。
お互いの勉強にもなる。
自分でも学べることもいっぱいある。

不慣れと初めてはとてもいい勉強になるから。
「初めて」は人生で一番面白いことだったりする。

# 人間が生きていくうえで大切な３つの「気」

72

人間が生きていくうえで大切な「気」が３つある。
この中の１つでもあれば生きていける。
多くの成功者は、３つ持っている。

**1. 元気**
**健康であれば、仕事を頑張れる。**
**元気があれば、なんでもできる。**

**2. 人気**
**人気があれば、人が集まる。**
**人が集まれば、困ったときに助けてもらえるし、**
**またチャンスが巡ってくる。**

**3. 運気**
**運が良ければいい。**
**どんなことがあっても、運が味方してくれれば、**
**生きていける。**

元気で、健康を維持することを心がけて、
日々笑顔で、元気にしていればいい。

人気は、人としての魅力だから、どうしたら注目を集められて、
自分の良さに気づいてもらえて、
人から求められるかを考えなければいけない。

運気は、「自分は運がいい」と言い続けていれば、
自ずと良くなってくる。

この３つを、どうつかむか。
どう維持するかが、いろいろな人を見て大切だと思った。

**そして、３つの気を支えるもっと大切なことが、**
**空気。空（から）の気と書いて、空気。**

部屋の空気の入れ替えをしたり、空気の綺麗な場所に住んだり、
部屋を常に綺麗にすることで、空気は良くなる。

**空（から）の気が良くなれば、**
**元気も、人気も、運気も呼び込める。**
**綺麗な空気の部屋だから、健康でいられて、**
**綺麗な空気の部屋だから、人が呼べて、**
**綺麗な空気の部屋だから、自分は運が良いと思える。**

年末に大掃除をする意味は、こんなところにもある。
ホコリっぽい部屋に住んでいては、いつも空気が悪い。
空気が悪いということは、３つの気も悪くなる。

**日々、空（から）の気を綺麗にしましょう。**
**まずは一つでもいいので、「気」を集めてみましょう。**
**３つ揃うと幸福になると思う。**

幸せの価値観を定義するのは難しいけれど、
この３つがそろっている幸せそうな人を、たくさん見ました。

# 完璧は続かない

73

小学校や中学や高校のテストで、
100点を取り続けた人は、世の中にいないと思う。

どんな人でも間違える。
それが人ってもので。

間違えるから個性が生まれる。

でも、人はついつい完璧を求めてしまう。
それは仕方のないことですが、
100点を取り続けることはプレッシャーになるし、
とても疲れる。

70点でも80点でもいい。
そのときの自分の力がそのくらいだったと受け止めて。

大切なのは、同じ問題を間違えないことで、
自分は、何が苦手なのかを知ること。
そして、それを認めること。

恋愛でも完璧を目指してしまうと、とても窮屈になってしまう。
「私がこんなに頑張っているのに！」
それは自分なりの100点で、相手からは50点かもしれない。

自分で自分を100点だと思うほど、怖い状態はない。

完璧でいたいかもしれないけど、80点くらいがいいかな〜。
どこかゆとりをもたないと。

相手にも同じように、80点くらいを望めばいいのに。

互いに欠けた点数を補えればいいでしょう。
それが優しさや愛情だと思うから。

完璧は続かない。
取り続けた100点は、結果的に自分を苦しめる。

間違えても、失敗してもいい。
同じ問題を間違えないようにすることの方が
よっぽど大切だから。

でも、人はまた同じ問題につまずいてしまう。

それも人だから、
良しとしないと。

そこに早く気がついて
直すか直さないかで、
恋愛がうまくいくかいかないかの
大きな差が出る。

相手の居心地の良さが違ってくる。

お金のことが
好きだと言う割に
多くの人は
お金の勉強を
していない。
好きなことなら
勉強は苦では
ないはずだから、

74

それはお金が
好きではないだけ。
本気でお金持ちに
なりたいなら、
もっと
お金を好きになって、
勉強するといい。

WORK & LIFE

占いよりも大切な話
ナビ ＃7

# 本当は
# 人ってそういうもの、
# という話は

Episode No.

*9, 111, 123, 139, 146, 176, 177, 181, 185, 187, 189*

---

人は変化する生き物。
ないものに憧れて
真似をして身につけることもあれば、
知らず知らずのうちに
余計なものを見につけてしまうこともある。
でも、そうやって、いつでも変われるから、
自分を諦めないで、
「なりたい自分になろう」と思って
ドンドン成長していけばいい。

RELATIONSHIP

占いよりも大切な話
ナビ #8

# 人間関係での「3」と「10」の話は

Episode No.

*66, 72, 87*

---

1回だけの出来事で判断して、
人を好きや嫌いになるのはおかしな話。
すべてが自分とピッタリ合って、
疑問も問題もない他人なんて存在しないから。
誰だって、考え方も変わるし成長もする。
人に期待できないのは、自分が成長しないから。
自分が変わらないから、相手も同じように
「変わらない」と思ってしまう。
人間関係を助けてくれる「3」と「10」の話。

# 他人がいるから自分がいる

自分らしく、自分を出そうと、自分を見つけようとしても意味がない。
なぜなら、自分を見つけてくれるのは、自分を認めてくれるのは、
他人だから。

自分探しの旅などという人がいる。
自分を探すのではなく、
自分を認めてくれる人を探すことが自分を知ることで、
自分を求めてくれる場所が見つかれば、自分はできあがる。

**自分とは他人が決めることで、**
**自分とは他人が認めてくれること。**
**自分とは他人が求めてくれること。**
**自分らしくは不要で、自分ほどいらないものはない。**

75

**必要なのは、**
**自分らしい表現方法や**
**自分らしい言葉遣い。**
**自分らしい伝え方。**

**そこを履き違えて自我を強くしようとする人がいる。**
**自分勝手に生きることやワガママな生き方が、**
**自分らしいと勘違いしている人がいる。**

**自分のことばかり考えている人を、**
**誰も助けようとはしてくれない。**
**手助けをしてくれる人に手助けをする。**
**協力してくれるから協力をするだけ。**

自分だけが満足して
「やってあげたのに！」
と自我を出す人は、いつまでも幸せにはならない。
なぜそこで他人に恩をきせようとするのか。
自我が人生を邪魔していることに気がついていない人がいる。

悩みと不安で苦しいときに、助けてくれる人がどれだけいるのか。
そんなときに誰も手助けしてくれないのなら、
自分がそれまで誰も助けてこなかった、ということ。
協力が足りなかったことを自覚して、今からでも、
苦しいときだからこそ、自分から人を助けて、人に協力するといい。

できるだけのことはやってみる。
自然と助けられるようになる。
我が身だけのことを考えて、自分勝手に生きる必要はない。

自分とは、他人が決めてくれること。
他人がいるから自分の幸せがあり、
他人がいるから自分がいることを
常に心のどこかで思わないといけない。

# 気長に、気楽に、素直に、素敵に、生きればいい

この人はいつ会っても楽しそうだな。

そんな人をたくさん見てきて、ちょっとした共通点がある。
真似してみると、なんだか自分もその人みたいになっていく。

**・挨拶はしっかりする　・歯切れよくしゃべる**
**・姿勢がいい　・笑顔でしゃべる**
**・無駄なメールはしない　・部屋が綺麗**
**・服装に清潔感がある　・メールの返事が速い**
**・お礼がしっかりできる**
**・美味しいものを食べて「美味しい」とすぐに反応する**
**・「おかげさま」をよく言う　・いろいろな人を褒める**
**・よく笑う**

76

少し多いですが、意識してみるといい。
幸せな人は幸せをつないでいく。
同じような人がドンドン集まってくる。

不幸にも共通点があるから、
まずは自分が少し変わってみるといい。
すると、周囲も自然に変わる。

ただ変化に時間がかかるから。
気長に、気楽に、素直に、素敵に、生きればいい。
ただ
そう思っただけ。

# 誰かのマイナスを日々減らす努力をする

食べ終わった納豆のパックを洗うか洗わないかの話になった。
「そのまま捨てると部屋が臭くなるので洗う」と思ったら、
「ゴミ収集の人が嫌な気持ちにならないように」という人がいた。

人は、生きていたら誰かしらに迷惑をかける。
それは仕方のないこと。

でも、それをできるだけ少なくしようとすることは、
ちょっとした努力でできる。

77

ポジティブに考える、楽観的に考えるのはいいことだけど。
その陰にあるマイナス面をどれだけ削れるか。
実は、これは人生にとってとても大切。

**マイナスがなければ、自然にプラスが多くなる。**

**他人のマイナスが少なくなれば、**
**多くはプラスに進みやすくなる。**

**自分だけ良ければいいは、結果的に良くならない。**
**自分のマイナスは、誰かのマイナスでもあるから、**
**そこをみんなでやめていけば、**
**少しずつ良くなっていく。**

**誰かのマイナスを日々減らす努力をする。**
**それだけで、また人生は楽しくなる。**

# 出会いを増やしたいなら

78

人生はどこで出会いがあるのか。
どこでどうつながるのかは、わからないもので。

大人になると、なかなか出会いがない。
出会いがないというか、恋愛が面倒になったり、
時間がかかったり。
学生時代と同じだと思っていると、うまくいかない。
学生時代の恋愛マニュアルは早く忘れること。

3～4年ごとに恋愛観は見直した方がいい。
異性の好みや自分の見せ方やら。
20代前半の恋と、20代後半の恋は違う。
30代はもっと違うし、30代後半になれば、
考え方や異性の見方や、自分の見られ方なども、
20代とはまったく違ってくる。

老け顔だった子が、30代くらいから突然モテたり、
恋が突然スムーズに進むようになる場合もある。
逆に、学生時代にモテ過ぎて、
社会に出てから、まったくモテなくなってしまう人もいる。

もし、モテたことがないなら、己の生き方を通し過ぎているかも。
もっと人に好かれるように生きないと。

好かれる努力をしないと好かれないもので、
かわいいとかブサイクとかよりも、
人間性だったり、愛嬌を年々求められるようになる。

卑屈になりすぎて、ひねくれ過ぎてもいけない。
明るく元気で、笑顔でいて、うるさくないことが重要で、
あとは勇気。

一歩踏み込む勇気と、度胸は必ずいる。
飛び込んでみないとわからないもので、
ダメだと思ったら、粘らない。
スパッと縁を切る決断力もあった方がいい。

いろいろな人の出会いや恋愛を見てきて、
相談にもたくさんのって、
解決したこともできなかったこともあるけれど、
すべては己が引き寄せている。

**己の考え方や性格や生き方で、人脈はできるもの。**
**高望みしてもいいけれど、**
**それに見合う生き方をしているのか。**
**それだけの努力を続けているのか。**

**もっと気楽に、**
**もっと素直に楽しめる恋を見つけて。**
**優しい人には、**
**必ず優しい人が現れるから。**

現れないなら、優しさがまだまだ足りなかったり、
本当の優しさではないのかもしれない。

自分の人脈は、自分でつくっている。

# 削っているのは
# 時間ではなく魂だから

削ってるのは時間じゃなくて、魂を削っている。

人に会っている時間や仕事をしている時間。
ぼーっとしている時間。
**時間を削っているようで、本当は魂を削っている。**

**時間じゃない。**
**魂を削って人は生きている。**
**魂を込めている日々を大切に。**

79

**魂を込めている人に、人は心がなびく。**

もっと魂込めていこう。
魂込めて恋愛して、
魂込めて仕事して、
魂込めて遊んで、
魂込めて日々を過ごしたら、何かが見えてくる。

僕はそう思う。
時間じゃない。
削っているのは魂だから。

**時間を削るときは、魂を削っているんだと、**
**自覚しておいた方がいい。**

# 小さい幸運を一度つかむと運はドンドンやってくる

いろいろな人を見ているとわかる。
小さい幸運を一度つかむと、運はドンドンやってくる。
逆に、小さな不運をつかむと、不幸がドンドンやってくる。

**大きな幸運を狙うより、**
**まずは小さな幸運を狙って運を引き寄せることが大切。**
**いきなり大きな幸運ばかり見ているから、**
**目の前の幸せや、日々の面白さや、**
**楽しさを忘れてしまうことがある。**

80

**まずは気づく事。これが幸せなんだ。これが楽しいんだ。**

**でも、幸せは人それぞれ違うから、**
**自分なりの小さな幸せを見つけるといい。**

小さな不幸に気づいても、
この小さな幸せがあると思えば、幸せを大きく育てられる。

人生には、良いことがあれば、悪いことも必ずある。
「仕事がないから」と悩むよりも、仕事を選べる時期でもあるし、
資格を取得できる時期でもあると思えばいい。
「失恋したから」新たな出会いがつくれる時期だと思えばいい。

ほんの少し発想を変えること。実は小さな幸せは毎日あるから。
小さな幸せに気がつけば、運はドンドンやってくるから。

# コンプレックス

81

コンプレックスのない人は少ない。
見た目
年齢
性格
恋愛では、この３つのコンプレックスが邪魔をする。

では、コンプレックスを感じているネガティブな人を、
あなたは好きになりますか？
まあ、まれに好きになる人もいるかもしれませんが、
ネガティブな人を避けることの方が多いはず。

それなら、どうすることがいいのか、わかるはず。

ネガティブな考えをできるだけしない。
したとしても表面に出さない。
気にしない。

自分本来の魅力に気がついて！
サービス精神と、元気と、笑顔があれば、
恋のチャンスは必ず来ます。

恋の主導権も簡単に取れるはず！
まあ最終的にプライドが邪魔をする場合もありますが。

「恋にネガティブは最大の敵」

# 「類は友を呼ぶ」なら、自分がどんな「類」になるか

素敵な人には、素敵な人が集まる。
まぶしいと思うくらいに素直で素敵な人には、
次々と素敵な人が集まる。
悪い人や嫌な人は、自然と集まらなくなる。

自分の周りに、悪い人や嫌な人がいるなら、
それは自分が招いているのかもしれない。
愚痴や不満ばかり言っていると、同じような人が集まってくる。
前向きで明るい未来の話をしていれば、
同じような人が集まってくる。
人ってそんなもの。

82

**「類は友を呼ぶなら、**
**自分がどんな『類』になるかが大切で」**

**周囲への不満は自分の直すべきところで、**
**自分が改めなければ、周囲も変わらない。**
**素敵な人はドンドン素敵な人をつないでくれる。**

# 出会いは常に己に見合っている

83

出会いとは、常に自分に相応しい人が現れるもの。
出会いがないのではなく、己を高く見積もっているから、
「出会いがない」と思うだけ。
自分の人生に見合った出会いは、常にあるもの。

高いところから見ているから、見えなくなっているだけ。
頑張ったら頑張った人に会える。
努力をすれば努力した人に会える。
だから頑張り、努力することが大切。

好きなことを見つけて一生懸命になればいい。
自分の夢に向かって必死で頑張れば、結果は必ず出る。

それが良い結果か悪い結果かは、その人の努力次第だが、
好きなことに突き進めば、それに見合った人に出会える。

自分の好きなことに一生懸命打ち込めば、
その一生懸命さが、素敵な人脈をつくってくれる。

出会いがないのではなく、一生懸命ではないから。
好きなことを見つけても、頑張らないから、出会えない。

好きなことを見つけて、その先にある出会いは、
本当に素敵だったりする。

なんとなくやっているから、なんとなくの出会いしかない。
努力も頑張りもしなかったら、出会いもない。

出会えるだけの努力をしているのか。
出会えるだけの頑張りをしているのか。

**頑張るから、頑張った人に会えるだけ。**
**努力をするから、努力した人に会えるだけ。**

**頑張った人は、頑張っている人がわかるから。**
**努力した人は、努力している人がわかるから。**

**出会いは、常に己に見合っている。**

**己を高く見積もっていては、**
**いつまでも出会いがないと思ってしまう。**

高く見積もるなら、それなりの努力と頑張りをすればいい。

ただ
そう思っただけ。

84

# お金があるから幸福とは限らない

「お金がないと不幸でも、
お金があるから幸福とは限らない」

自分は、何をしているときが一番楽しいのか。
自分は、誰といると嬉しいのか。
お金にとらわれて、とても大切なことを見失ってしまう人がいる。

お金は手段であって、ゴールではない。

頑張った対価だからとても大切でも、
それが幸せではないから。
でも、それが幸せという人もいる。

「お金がない」という悩みはつらいかもしれないけれど、
お金がある人の悩みは、
お金では解決できないから、もっとつらい。

「お金持ちになれば、幸せになると思っていた。
でもそれは違っていた」
昔はわからなかったけれど……。
こんな人も多い。

はたからみれば羨ましい悩みかもしれないが、
悩みや不安は、色や形を変えてやってくる。

考えても仕方のないことが多過ぎる。
だから楽しく過ごすことと、
楽しく過ごせる仲間や、家族や、恋人を、
大切にする心が大事で。

人生は一度っきり。
当たり前だけど、みんな忘れている。

何をしてると楽しいのか。
誰といると楽しいのか。

**楽しいことを一杯考えて、**
**行動して実行して、**
**周囲も楽しませるといい。**

**一人だけの「楽しい」は続かないから。**
**みんなの「楽しい」はドンドン広がるから。**

ただ
そう思っただけ。

85

# 無駄なことに価値がある

無駄なことをすると、
「それは無駄だからしない方がいい」と言われるが、
人生のほとんどは無駄。

**無駄なことを無駄に頑張ると、**
**無駄なことではなくなる。**

**無駄も一生懸命にやれば、価値に変わる。**

**無駄なことに価値が出るのではなく、**
**一生懸命やったことに価値が出る。**

無駄でもいいんですよ。
ダメでもいいんですよ。
そこに一生懸命があれば。

ただ
そう思っただけ。

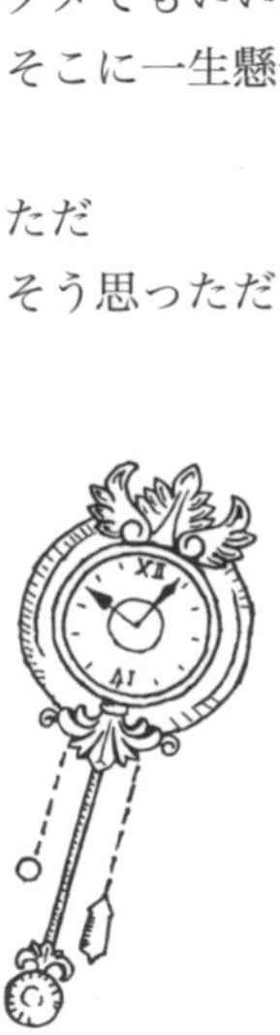

86

もっと他人の
些細な親切と
優しさに
喜んでみると、
もっと
喜べることが
やってくる。

87

# 人のいい部分を
# 10 個探す

人を褒める。
人のいい部分を探す。
これができる人は幸運をつかむ。

どんな人にも必ずいい部分がある。
「あ～、こんな気遣いができるんだ」
「きついこと言うけど真実だな～」
「優しい言葉を使うな～」
なんでもいい。

人の欠点や、マイナス面や、弱点ばかりを探して、
批判ばかりしている人は、成長しないと思う。

**他人から何を学ぶか。**
**人から何かを得る前に、**
**他人を褒められる人になる。**

あなたのここはすごい。
あなたのここは素敵。

出会った人のいいところを探す癖をつける。
これで人生が楽しくなる。

できれば、出会った人のいい部分を10個探す。

ちょっとくらい無理矢理にでもいいから、
その人の褒められる部分を10個探してみましょう。

そこから何かが見えてくるから。

**人を褒められるのも才能。**

**褒めてみましょう。**
**褒められたら人は頑張れるから。**

**褒められる人になると、また人生が楽しくなるから。**

ただ
そう思っただけ。

88

# 好きなことは叫んだ方がいい

自分は何が好きなのか、叫んでみた方がいい。
自分は何が好きなのか、一度確認してみるといい。
自分は何をしているときが好きなのか、思い出してみるといい。

自分は何が好きなのか、わからなくなっている人は多い。

食べること。
恋すること。
遊ぶこと。
仕事すること。
好きなことは何でもいい。

一度叫んでみるといい。
自分はこれが好きだと、声に出さなくてもいい。
心の中で好きなことを叫んでみるといい。

それが自分の目標で。
それが自分のエネルギーで。
それが明日につながるもので。

**楽なことと好きなこととの違いにも気がつかなければならない。**
**一度好きなことの確認をしてみると、人生はまた楽しくなる。**

ただ
そう思っただけ。

# 何か物事をスタートするとき

何か物事を始めるときは何かを失う。
失わなければ、始めることができない。

交際をスタートさせれば、自然と時間を削ることになる。
楽しい時間は増えるけれど、自分の時間は減ってくる。
資格の勉強を始めれば、知識が身につき、
資格は取れるけれど、自分の時間とお金は減る。

**何か物事をスタートするときは、一方で何かを失う。**
**それは時間なのか、人間関係なのか、お金なのか。**

**失うのは嫌だ。失うのは面倒だ。**
**そんなことを思っていたら何も始まらない。**
**「失うこと」を恐れると、何もできなくなる。**

**思い切って投げ捨ててみると、**
**一気にスタートダッシュできる。**

**そこから何を頑張って、何を努力するのか。**
**初めてみてから考えてもいい。**

**まずは動き出すこと。**
**まずは失うことを恐れないこと。**

失って初めてわかること、失わないとわからないこと、
失っても大したことがないとわかることもあるから、
スタートしてみましょう。

# ネガティブな人のほうが運気のアップダウンが少ない

90

ポジティブな人ほど、運気のアップダウンは激しく、
ネガティブな人の方が、運気のアップダウンが少ない。

**ポジティブな星は、**
**運気が急激に落ちても急激に上がるので**
**「落ちてもまた上がれる！」**
**と、マイナスな出来事もポジティブに受け止められるようになる。**

**ネガティブな星は、**
**運気のアップダウンがあまり感じられないので、**
**良いのか悪いのかわからなくなり、**
**少しでも悪いことがあると、**
**「このまま悪くなってしまうのでは……」**
**と感じるようになる。**

**本当は上がり下がりが少ないだけで、**
**急激に上がったことがないので、**
**現状からの変化に臆病になる。**

ポジティブな星とネガティブな星の簡単な説明はこんな感じ。

どちらの星も、結果的に少しずつ上がっている。
階段をじっくり上がっている感じ。

ポジティブな星は、上がって落ちてを繰り返して上がっていく。
ネガティブな星は、ジワジワ坂道を上っている感じ。

どちらが良いとも限らない。

ポジティブな星には、急な坂を一気に下る気持ち良さがあり、
また上るから筋力がつく。

ネガティブな星は、ゆるい坂道を延々自転車でこいでいる。
こちらも大変だが、常に筋トレをしている感じ。
そりゃ〜ネガティブにもなる。

どちらも善し悪しがあり、人生とはそんなもので、
自分の星やら自分の運命がどんな感じなのか、
理解できると楽でいい。

自分はアップダウンが激しいタイプなのか、
ゆるい坂道を上がっているのか、
今がどの時期か、いつ下り坂でいつ上り坂なのか、
それを知るのが占い。

知っていれば、心構えが変わってくる。
その先の覚悟ができれば、また強くなれる。
占いは事前準備の情報でしかない。

占いを上手に賢く使えるように。

91

RELATIONSHIP

人の優しさに
敏感に生きるか、
人の優しさに
鈍感に生きるか。
それだけで
幸福度は違う。

92

# 人間は自分を高めに評価してしまう

人間は、自分を高めに評価してしまう。

先日、打ち合わせ中に出てきた話。

落語家が、自分より下手な落語をすると思うやつを見たら、
「自分と同じくらいだと思った方がいい」

落語家が、自分と同じくらいの落語をすると思うやつを見たら、
「自分より実力は上だと思え」

落語家が、自分より上手い落語をすると思うやつを見たら、
「自分との実力の差は手が届かないくらいだ」

こう思っていれば間違いない。

**人は自分を高めに評価してしまう。**
**人は自分が正しいと思ってしまう。**

自分の家族は正しい。
自分の生き方は正しい。

正しいと思うのはいいが、実は間違いだらけだったりする。

**人間は自分への採点は甘くなってしまう。**
**自分は正しいと高く評価してしまう。**
**自分への評価を間違えないように。**

# 「好きになるところを探す癖」を身につけよう

「出会いがない」のではなく、
「好きになるところを探す癖」が身についていないだけ。

人はそんなに簡単に他人を好きにはならない。

パッと会った瞬間に「好き」と思えるほど、
そんなに勘がいい人は、なかなかいない。
パッと会った瞬間に、可愛いとか、かっこいいとか、
理想の人だと思える出会いは少なくて。
何度か会って、遊んで、食事をして、趣味が合ったりして、
なんか楽しくて、気がついたら好きになっているもの。

ただ、そのタイミングがお互いピッタリ合うことも少なくて。
なかなかタイミングが合わない。

自分が簡単に他人を好きにならないように、
相手も簡単に好きにはならないのも同じ。
好きになってもらう努力も必要で。
それは外見だけでなく、内面を磨く努力も必要。

外見やスタイルがいいからと好きになるような幼稚な恋は、
若いときだけ。

生活がしっかりしていて、仕事をしっかりしている方が大事。
自分が仕事を頑張っていれば、相手の仕事への姿勢も重要。

愛嬌と人間性は、非常に大事になってくる。

好きな人に好かれないのは、己のレベルが低いから。
若ければ、髪や顔やスタイルが気になるのも許されるけれど、
年齢を重ねると条件は増えてくる。求めることも増えてくる。

本当に好きなのか。条件が好きなのか。
そこに愛はあるのか。わからなくなってくる。

ここがダメ、ここが好きじゃないと、
他人をハジく人を、あなたは好きになるのか。
相手のいい部分を探して、好きになれるところを探して。
誰にでも必ずいいところはあるから、
どんな人も好きになれる素敵な人になれば、
必ず素敵な異性が現れる。

己が素敵な生き方をしていないから、
いつまでたっても本気で好かれない。
人間性を鍛えないと。人として常に成長を続けないと。
恋が始まるのは、その過程で出会った同じレベルの人。

**もっと他人を好きになる部分を探して、**
**もっと自分を好きになってもらえる部分を磨いて。**

**人は簡単に他人を好きにならないのだから、**
**互いにどうすることが必要なのか。**

**好きになるところを探す癖を身につけよう。**

94

# 他人のラッキーは自分のラッキーに変わる

**自分以外の人に**
**「運が良かった」**
**「ラッキーだった」**
**と思わせられるようにどうやって生きるか。**
**それはとても楽しいことで、とても面白いこと。**

電車で席を譲ってみたり、
掃除をしたり、整理整頓をしたり、
笑顔でいたり、
何でもいいんですよ。

**それは自分で運をつくれるようになることであり、**
**幸運を生み出せる人になれること。**
**人を幸運にする面白さに気づけること。**

サービス精神や優しさとも言うけれど、
単純に、他人がラッキーだと思えることを
ちょっとでも日々やってみるといい。

他人のラッキーは、自分のラッキーに変わる。
他人の幸運を、自分の幸運のように感じて喜べると、
人生はまた楽しく、面白くなるもの。

# 人生の半分は悩む。
# それなら……

人生の半分は悩む。
もしかしたら、人生の７割は悩んだり、不安でつらいかも。

恋人ができたら悩みが解消されると思っても、
浮気をされるんじゃないか、もっと他にいい人がいるんじゃないかと、また新たな悩みが出てくる。

お金を稼げば悩みがなくなると思っても、すぐ稼げなくなるんじゃないか、人に取られるんじゃないかと、また悩みが出てくる。

95

悩みや不安は形を変えるだけで、延々とついて回る。
なければないで悩んで、あればあったで不安になる。
人間ってそんなもの。

**苦を楽しむことが人生。**
**人生の目的を考えるなら、「苦を楽しむ」。**

**どうせ悩むなら、どうしたら面白くなるか。**
どうしたら楽しくなるか。
目先だけではなく、将来も考えて、
**常に「苦を楽しむ」。**
**悩んだって、何も変わらないから。**

**悩みの形はドンドン変えてしまえばいい。**
**結局悩むのが人間だから。**

# 過小評価と謙遜は大きく違う

96

過小評価と謙遜は大きく違う。
何でもマイナスに受け止めたり、何でもダメだとする人がいる。
占いをして、「根が頑固ですね」と伝えると、
「ダメじゃないですか」と言う人がいる。
何か伝えると、
「ダメですよね」
「ダメじゃないですか」
と言う。
男性には少ないですが、これが口癖の女性の多くは、
恋人もできないし結婚もできないし、
結婚できたとしても離婚率がかなり高い。

謙虚な気持ちでいたり、謙遜することは美徳としていい。
日本人は、出しゃばるのはあまりよろしくない風潮があるが、
だからといって、何でもマイナスに受け止めることとは違う。

「綺麗ですね」
「いえいえ。そんなことないですよ」
これくらいはいいと思えるが、せっかく褒めてもらえたら、
「ありがとうございます。そう言っていただいて嬉しいですが、
そんなことないですよ」
こっちの方がいい。褒めた方も気分がいい。

やたら否定されても困る。
「そんなことないです。やめてください」
これでは会話も成り立たない。
これは謙虚でも何でもない。

勝手に卑屈になって「どうせ自分は」と言う。
どうせと言うなら開き直ればいいのに、
自分のプライドばかり守って、前に進もうともしない。
言葉を勝手にマイナスに受け止めたら、周囲も気分が良くない。
そんな人を好きになるわけがなく、
人間関係が上手くいくわけがない。

無理矢理にでもプラスにとらえて、ポジティブな言葉を使い、
ポジティブな発想をする訓練をしないといけない。
いきなりは変われないなら、
一日一回でもいいからポジティブな言葉を発することが大切で。

いろいろな人に会うと、驚くくらいポジティブな人にも会う。
「生活に困って悩んでいる」の発言に「切磋琢磨してるね〜」。
「落ち込んでる」の発言に「落ちるってことは上がれるね」。
「失業した」には「世界中の会社に入れる権利を手に入れたね！」。

も〜笑っちゃうくらいポジティブな発言や発想をする。
そんな人には、やっぱり人が集まるし、
そんな人がみんな好きだから。
不安やマイナスは誰にもあることで、それを発信されても、
「そりゃそうだけど。だから前向きに生きないと」と思うだけ。

**自分を過小評価することと、卑屈とは大きく違う。**
**無理にポジティブにならなくてもいいけれど、**
**プラスに考え、ポジティブな発想を日々楽しむことくらいは**
**してみた方が、人生は少し楽しくなる。**
「ダメじゃないですか〜」は何がダメなの？
日々ポジティブになれるように生きるといい。

RELATIONSHIP

占いよりも大切な話
ナビ ＃9

# 自分から見た人間関係の話は ――

Episode No.

*44, 45, 92, 98, 99, 104, 124, 127, 142, 145, 149, 150, 153, 156, 158, 162, 164, 165, 166, 167, 169, 172, 174, 178, 179*

---

人間一人の力では、大きなことはできない。
それなら、少しでも目の前の人を助けて、
少しでも後押しを続けていけばいい。
困った人や手助けが必要な人は必ずいるし、
お世話になった人や恩返しをしたい人に、
少しでも自分を役立たせようと思えば、
やれることは必ずある。
その積み重ねで、十分良い方向に進んでいく。
自分だけで生きないように。

WORK & LIFE

占いよりも大切な話
ナビ #10

# 運気を下げるから やめた方がいい 話は――

Episode No.

*114, 191, 194*

「幸せになれますか？」
そう言う人は、幸せになれない。
なぜなら、
自分の幸せが何なのか、わかっていないから。
幸せとは、他人から感謝されること。
もっと他人を幸せにしてみれば、
簡単に幸せを感じることができる。
もっと感謝を伝えていこう。
そうすれば、簡単に幸せを与えられるから。

# 天国も地獄も同じ

97

天国も地獄も同じ食事が出る。
熱く煮えた料理が、深く丸い谷の真ん中にぶら下がっている。
手は届かない。5メートルくらいのお箸が置いてあるだけ。

地獄にいる人は、その長いお箸で自分だけ食べようとして、
みんな食べることができずにイライラしている。
お箸の先を手繰り寄せてなめるのが精一杯。

天国の人は、長いお箸で食べ物をつまんで、
5メートル先の人へ「どうぞ」と食べさせてあげる。
その人が「ありがとうございます」「では、どうぞ」
と、互いに食べ物を取り合って、食べさせてあげる。
天国と地獄は、実は同じだったという有名なお話。

**「我が我が」「自分が自分が」**
**になってはいけない。**

それは地獄なんですよ。
自分で地獄をつくっていることに早く気がついて
知恵を絞って助け合えば、楽しくなれることを知るといい。
そうすれば天国なんです。

先日ある縁結びの神社に足を運ぶと、行列ができていた。
真ん中の列だけ進まない。みなさん右か左に別れて参拝。
前の方へ行くと、一人の女性がずーっと頭を下げている。ずーっと。
僕が参拝を終えておみくじを買って、
ぐるっと回ってきても、まだ頭を下げていた。

自分のことだけを考えて生きていたら、願いは叶わない。
これだけ後ろの人が待っているのに、周囲の状況を感じ取ろうとしない時点で、きっと願いは叶わない。

「我が我が」「自分が自分が」の人は占いも当たらない。
その人たちの考えは、地獄にいるから。

占いは当たり前のことが出てくる。
幸せになるためのヒントが占いで、
自分だけの幸せを考えている人は、
そもそもの考え方が間違っている。だから占いも当たらない。
まあ、それを教えてくれるのが占いだったりもするんですが。

みんな長いお箸を持っている。
深い谷の真ん中にある食べ物がぶら下がっているときに、
あなたならどうするか。

**天国も地獄も同じ。**
**それに気がつくのか、気がつかないのか。**
**知恵を絞れるのか、考えを変えられるのか。**
**「我が我が」「自分が自分が」は地獄の始まり。**

そうならぬように、どう助け合って協力し合えるか。
互いに知恵を絞ることを日々考えて。
天国を地獄にせぬように。

# 自慢話に聞こえるのは、自分の欲望が反応するから

他人の話を聞いて自慢話に聞こえるのは、
自分の欲望が反応するから。

先日、電車で若い子が「貯金が 10 万円ある」と話していた。
まあ、学生時代の 10 万円は大金だからね。
すると友達が、
「おまえ、何自慢してるんだよ！」
と言った。

98

話の流れから、10 万円を貯めた子は、
苦労してやっと貯金が 10 万円になった。
僕が聞くと、それは苦労話で、10 万円は単なる区切りの話。

でもその友人は、10 万円持っているのを自慢していると思った。

その子は苦労話を語ったのに、友人は自慢話だと思ってしまう。
これ、案外多い。

僕は「この人自慢してる！」と感じたことがない。
すごいな〜とは思うけど、人の話に興味がないんだろ〜ね。
そう、他人の話が自慢話に聞こえるのは、
自分が興味あることで、その人の欲望だったりする。

**人の話を聞いて、**
**「なに自慢話してるの！」と思ったときは、**
**自分が何に欲があるのか、わかるかもしれない。**

# 人にはあるものですよ

人にはあるものですよ。
誠意、真心、愛情、優しさ、信頼、善意が。

**人は裏切るとか、いい人はいないとか、**
**世の中悪い人ばかりなどと言うのは、**
**あなたが人を裏切っているから。**

**あなたが悪い人だから。**
**あなたに悪意があるから。**

「男は浮気するから」ではなく、
「あなたは浮気するような男性が好き」
ということに気づきましょう。

誠意、真心、愛情、優しさ、信頼。
善意のある人はたくさんいます。

まずは自分が変わらないと。

挨拶をする、笑顔で会話をする、腕組みをしない。
騙すより騙される方に傷つくことも多いかもしれませんが、
ずっと騙されるのではなく、学習しましょう。

心をひらいて、
反省をしましょう。
自然と道が見えてきます。

# 恋はタイミング

恋愛にはタイミングが大切。
それほどタイプではなかったけど、寂しいときに告白されて、
交際をスタートさせた、なんて話はよく聞く。

いろいろ作戦を立てて付き合ったという話も聞くが、
まあほとんどがタイミング。
よほど問題のない人なら、
タイミングさえ良ければ、いい関係になれる場合がある。
このタイミングを計るのが難しいんですが。

ただ、自分が本当に好きなら、気持ちは伝えておいた方がいい。
伝えて反応がなければ、少し時間をおいてみるといい。

「押してもダメなら引いてみろ」
昔から言われていることですが、本当に効果がある。
というか、タイミングを計れるようになる。

一度告白をすると、相手はあなたを意識する。
意識しているときの、もうひと押しは効果的。

**恋愛は難しいと思うと**
**ドツボにはまってしまう。**

**恋に不器用な人は、**
**不器用なりにタイミングを計ってみましょう。**

**恋愛は、最後は度胸だから、**
**気持ちを伝えるドキドキも楽しんで。**

本当は、断る方もかなりの度胸がいるから。
やっぱり人は嫌われたくはないし、好かれることは嬉しいから。

いずれにせよ、タイミングがあるから。
その空気を読める人が、モテると言われる人。

恋を楽しむことを忘れないように。
必ずあなたにはいいところがある。
必ず好きになってくれる人がいる。

**自分次第で恋のチャンスは簡単につかめる。**
**タイミングを見極めて。**

**選ぶのはいいけれど、選び過ぎない。**
**選び過ぎは不幸の始まり。**

**恋のタイミングを逃さないように。**

どんなに運気が
良くても
本人のやる気が
なければ普通の日々。

# 101

努力とは報われない
けれど続けるもので、
努力が報われると
思っているほど
苦しくなる。

# 好きな人と
# 仲良くなれる言葉

好きな人と仲良くなれる言葉。

「一緒にいると楽しい」
「なんか楽しいな」
「楽しくなってきた」
「楽しい人ですね」
「楽しい時間だった」

「楽しい」と言われて、嫌な感じにはならない。

楽しくなくても、「楽しい」を伝えることで、
相手はあなたに興味を示したり、好意を抱く。

恋愛での「楽しい」は、
好きの一つ手前の言葉。

102

# 出会い

103

いろんな人に出会い、いろんな人と別れた。
出会えた楽しさ、面白さは多様で、出会いは勉強になる。
ただ、必ず別れがくる。
すれ違いや誤解が生まれることもある。
人間同士だからぶつかることもある。そんなことは当たり前。

人と触れ合わないと、人は強くならない。
強く生きたいなら、いろんな人に会った方がいい。

**人は一人では強くなれない。**
**人に会うことは、人と付き合うことは、**
**エネルギーを使うし、考えるから疲れるし。**
**だからこそ、人と付き合うことで人は強くなる。**

偽って付き合わない。
言いたいことは言う。相手の話は聞く。
思いやりや良心を持とう。その人に会えたことに感謝して。
別れても次がある。
今回がダメでも、次はもっといい恋ができるかもしれない。

**人との出会いに臆病にならないように。**
**人生に、出会いに、間違いはないから。**

**あのとき、あの瞬間、あの選択をした自分を否定しないで。**
**いろんな人に会って、自分の幸せを考えて。**

# 余計なことは考えない

いろいろと相談されることが多いですが、
基本的に、みんな考え過ぎです。

今の自分の立場や、相手の状況や、将来やら、過去やら、
何もかも、考え過ぎです。
考えれば考えるほど、不安になるだけ。

人生は７～８割つらい。

ごはんを食べないといけないし、働かないといけないし。
体調について、お金について、考えるだけじゃ何も変わらない。

**実行して、行動して、はじめて変わり始める。**

何もしないで、考えてばかりいるから、
ドンドン病んでくる。

余計なことは考えない。
これだけで健康になる。

104

# 人生に悩んだら

人生に悩んだら、
面白いと思う方だけを選択したら後悔しない。

万が一後悔しても、
「あのとき、自分は面白いと思えたから」と諦めもつく。

**面白い方へ。**
**どうしたら面白くなるか。**

**人生を面白くする。**
**ただそれだけでいいときもある。**

105

# 「自分」なんていらない

「でも」と言う人は、
いつまでも同じミスと同じことを繰り返す。

周囲からのアドバイスに、
「でも」
と言う。もう癖になってしまっている人たち。

「そんなに自分を押し通してどうする？」
いつもそう思う。

106

**「自分」なんていらないから。**
**「自分」なんて不要。**
**「自分」を出していいのは子どもの時代まで。**
**社会じゃ自分はいらないから。**

何かを変えたい、仕事で上手くいきたい、出世したい、
恋を上手くいかせたい。
そう本気で思うなら、成功している人から学ぶしかない。
自分より上手くいっている人から学べばいい。

**「学ぶ」の語源は、「真似る」から来ていると言われ、**
**真似ることを避ける人は、学ぶこともできない。**
先人からの知恵を使って、現在成功している人の真似をする。

人生は模写から始めないといけない。
真似ることが上手い人は、生き方が上手い。

これと言ってたいした考えもなく、計画的でもないのに、
プライドばかり高くて、自分がないのに自分を通す。
そのうち周りは感づく。
「この人に何を言ってもダメだ」
そう思われたら、人間お終いなんですよ。
周囲からいろいろと言われなくなったら……。

アドバイスしてくれる人、説教してくれる人、教えてくれる人、
怒ってくれる人がいないと、人はドンドンダメになっていく。

芸術家で何かしらの才能が評価されている人は別ですよ。
それは特別な人だから。

**特別でもなく、天才でもなく、努力もしないで、**
**「自分は」と、自分を押し通す。**
**それでは、恋も仕事も上手くいくわけがない。**

**そこには感謝がないから。**
**自分に言ってくれて「ありがとう」。**
**そう本気で思えたら、人は変わるから。**
**言ってくれた人の期待に応えられるように、**
**人は生きようとするから。**

自分を消してでも、まずは周囲の期待に応えようと生きてみる。
周囲に感謝できる素直な人になれるように。
そう生きてみるといい。

# 恋人や結婚相手に望むことを3つ挙げてください

恋人や結婚相手に望むことを３つ挙げてください。

１つめは何ですか？

２つめは何ですか？

３つめは何ですか？

３つ考えましたか？

107

では逆さまにしてください。

ではさらにもう１つ望むことは何ですか？

僕の場合は「無駄なケンカをしない人」でした。
見事にあたっていた。
みなさんもお試しを。

４つめ、それがあなたの本心です。

# 「なんとかなる」という おまじない

この先の人生が不安で。
恋や仕事や、生きていればいろいろと
心配になることや不安になることがある。

でも、考えているだけでは、結局何も変わらないことが多い。
考えてないで、行動しないと！

**何とかなると思って行動したら、**
**何とかなることの方が多いから。**

**「何とかなる」と言って、何とかする。**
**これでいい。**
**これでも人は成長するから。**

元気で生きてりゃ何とかなりますよ。

108

109

# 過ぎ去ったと書いて「過去」

真剣な人ほど、頑張っている人ほど、一生懸命生きている人ほど、
他人を認めて褒めている。
少しでも良い部分を見つけることができる。

頑張らない人ほど、他人を褒められない。
他人を認められない。他人に凄いと言えない。
言葉一つで、その人がどんな人なのか、簡単にわかるもの。

他人の失敗や欠点や弱点の話をすぐする人は
真剣に頑張ってはいない。
一生懸命ではない。
努力や積み重ねをしたことがないだけ。

真剣に一生懸命取り組み続けてきた人は、
すべてが経験でしかないことを知っている。

過去の経験を、どう今に活かして未来につなげるか。
これだけが大事なことで。

失敗や挫折や苦労や困難は単なる経験でしかなく、
過ぎたことをいつまでもグチグチ言っても何も変わらない。

昔は昔。
今は今。
未来は未来。

失敗から何を学んだかが大事で。

失敗自体はどうでもいいこと。それに気がつかないでいると、
他人の過去を、弱点や欠点だと思っていつまでも言う。

成長していれば
「だから何なの？」
となることを多くの人は知っている。

「小学生の頃に……」と過去の話をされても、
「は〜もう30代なんですけどね」で終わりなだけ。

**過ぎ去ったと書いて「過去」。**

**次に向かえばいい。常に前向きに。**
**失敗や挫折は経験なだけ。**
**ドンドンチャレンジをして、**
**そこから学んで、経験として積み重ねればいいだけ。**

**人生は常に学んで、成長しなければならないから。**
**すべての人がまだ途中。**
**他人の過去を気にしているのは愚かな人だけ。**
**過去はまったく見なくていい。**

**大切なのは、今と未来だけ。**
**過去は経験なだけ。**

もっと今に一生懸命に真剣に。
何事も、未来に向かって努力と積み重ねを続けていけばいい。

# 「自分は正しい」には気をつけて

110

自分が正しいことを言っていると思って、
発している言葉が愚痴になっている人は、気をつけた方がいい。

愚痴を言っているつもりがなく愚痴になっているのは、
たちが悪い。「愚痴らせて」と言ってからの方がまだまし。

言ってもいいんですよ。
ときには愚痴りたくなることもあるから。
言ってスッキリする場合もあるから。

問題は、自分は正しい、自分は間違えていない、自分は正義だと、
自分のことを棚に上げて正しいことを言っているつもりが、
周囲からするとただの愚痴で、何度も繰り返し愚痴を主張する。

こうなると負のサイクルになる。
一度自分が正しいと思って出た愚痴は、
周囲を巻き込んで仲間を集めようとする。

そこに不満の多い人が集まって、愚痴を言い合う。
互いが正しいと思った愚痴を、輪をかけて言い合う。

**愚痴は一度聞くと、また話のなくなったときに、**
**愚痴らなくてはならなくなる。**

**不満や愚痴を言い続ける限り、**
**そこには幸せはやってこない。**

**愚痴を言うなら、「愚痴らせて」と宣言して、**
**それっきりにしないといけない。**
**「あ～、愚痴ってすみません。**
**じゃあ、次は楽しい話にしましょう」**
**そのくらい切り替えないと、周囲も気分が悪くなる。**

自分が正しいと思って言っていることが、愚痴になっている。
自分が正義だと思っていることが、
不満を言っているだけになっている。
それは性格が悪くなっているだけの状態。

「自分は正しい」と思っている愚痴には、
気をつけないといけない。

ただ
そう思っただけ。

111

WORK & LIFE

「自分で考える力」を
もっと
身につけるといい。

# 苦労した人は、簡単に人を馬鹿にはしない

112

苦労をしっかりしている人は、簡単に人を馬鹿にはしない。

なまじ頭が良くて、何事も順調に進んできて、苦労が少ないと、
他人も楽をしていると思ってしまう。
頭がいいということは、難点にもなる。
頭のいい人が他人を馬鹿にするイメージは、そこにある。

**苦労して、時間をかけてつくり上げている人は、**
**他人も同じように苦労していると思うもので。**

**仕事を頑張っている人や、**
**仕事で本当に苦労している人は、**
**他人の仕事を尊敬する。**
**頑張れば頑張るほど、**
**人は仕事のつながりを理解するから。**

普通の人は、割り箸一本つくれない。
売れるようなつまようじや、使い捨てられるティッシュですら、
自分ではつくることができない。

持ちつ持たれつで、人は共存している。
他人の力の中と、協力の輪の中で生きている。
どんな仕事もつながっていて、自分に返ってきている。

**他人の大切さを理解しないと、己も大切にされない。**
**人は必ず、どこかでつながっているから。**

# どんなものにもいいところがある

113

どんなものにもいいところがある

**嫌いな人や苦手な人にも、**
**どこかいいところがあるもので、**
**良いところに目が行く人生がいい。**

**悪い部分や嫌な所に目が行ってしまうのは、**
**己の心の偏差値が低いだけ。**

**最初からそこを見ない。**

良い部分を探して、合わない部分を知って、
距離感を取って生きるもの。

良いところを見つけられる目を養う。
良い部分を理解できる心を成長させる。

ダメな所があるのは当然で、完璧にはならない。

今いる人と仲良く過ごしながら、
みんなで平和に生きられる方法を見つけるといい。

良い部分を見つけて、そこから学んで成長するといい。

ただ
そう思っただけ。

# 過度に期待をするから

114

過度に期待をするから、みんなイライラする。
何でもそうで、周囲に期待するからイライラする。
どこか「こんなものだ」と思っていないといけない。

期待するから、裏切られたとか、不便だとか、
思い通りじゃない、などと思う。

**思った会社と違う。**
**思った仕事と違う。**
**思った学校と違う。**
**思った結婚生活と違う。**
**思った恋人と違う。**
**それは自分の想像力がないからで。**

**マイナス思考やネガティブとは違って、**
**きっとこんなことがあるんだろうな〜と、**
**ある程度、予測しておかないといけない。**
**でも、期待はしない。**

「過度に期待した映画ほど、つまらないものはない」
映画の予告を見ると、イメージの中でどこか期待し過ぎるから。
もっと面白いことを考え過ぎて実際の映画がつまらなく感じる。
それほど期待しないと、「案外面白かったね〜」となる。

**あまり期待しない方が、面白いことや嬉しいことが見えてくる。**

115

# 全員に好かれようとするのは不可能

どんな人でも好き嫌いがある。
「合う、合わない」がある。
それは仕方がない。

自分が好きではないから合わない。
嫌いだから合わない、気が合わないから合わない。
それではいつまでも成長しない。

「この苦手な人とは、どうやったら仲良くなれるんだろう？」
「その発想はどこからくるんだろう？」

苦手な人や嫌いな人は、
自分とは違う発想や感覚を持っている人が多い。

自分と違うからといって、単純に嫌ってしまうのでは、
視野が狭くなってしまうだけ。
少しでもいいから、相手に歩み寄ってみたり、
相手と同じ立場になって想像してみるといい。

**「人は嫌われたくて生きてはいないから」**
だから人を簡単に嫌ってはいけない。

その人にはその人の生き方があるから。

それでも合わない人はいる。
それは仕方がない。

ただし、「仕方がない」という境地にたどり着くまでは、
歩み寄る努力は大切だと思う。

人の不運の多くは、人間関係の話が多い。
相手の気持ちを理解できない場合もあれば、
単に自分がワガママの場合もある。
相手のこれまでの努力や経験、立場や年齢など、
もっといろいろな部分に考えを巡らせてみると、
案外イライラせずに話ができたりもする。

なんやかんやと努力して、やっぱりこの人は合わない。
それなら仕方がない。

**ただ簡単に人を嫌う人は、**
**簡単に人からも嫌われる。**

**嫌われようと生きている人はいないから。**
**そんなに簡単に人を嫌いになる前に、**
**好きな人をたくさんつくれるように努力した方が**
**人生は楽しくなる。**

# 無駄はゆとりで、無駄は楽しい

便利は、本当に便利になったのか。
科学が発達し、新しい機械がどんどんできて便利になった。
ただ、便利になったことで、なくなった仕事はたくさんある。

単純な仕事を機械に任せると、
人間はより複雑な仕事をしなければならなくなる。
無駄がなくなるのはいいことかもしれないが、
複雑な仕事を誰もができるわけでもなく。
無駄な仕事がたくさんあった方がいいこともある。
社会の無駄があったから生きてこられた人もいる。

116

本当は無駄なことじゃなかったのに、
利益や数字を追求していくと、無駄に見えるものはある。
合理的に進めることは大切だが、その合理が間違っていたりする。

**無駄はゆとりで、無駄があるから楽しくもある。**

**社会全体が無駄なことをした方が、本当はいいのかもしれない。
その方がいろいろなことが回るから。**

**無駄な思い出が案外面白かったりするし、
無駄に買ってしまったものが思い出に残ったりする。**

**無駄をすべてなくすと、それは凄く生きづらい。
無駄を増やせるゆとりが欲しい。**

# 117

許せるようになると
幸運がやってきて、
許せないままで
いると
幸運は逃げていく。

# 裏モテ期

人は「人生で3回はモテる」という話をよく聞く。
僕の占いでも、確かにモテ期がある。
多い人で10回。少ない人でも3回はモテ期がある。

「えー、私は一度もモテ期がありません」
そう言う人は、「モテ期を実感できない星」を持っているか、
単に周囲をよく見ていない人。

無人島にいたり、人に会わなければモテ期は来ませんが、
普通の生活をしている人には、モテ期が必ず来ます。

118

ただ、モテ期だからといって、
「自分の好きな人から好かれる」という意味ではない。
モテ期とは、苦手な人や興味のない人からモテることも含まれる。

もし、興味のない人からチヤホヤされていたら、
無駄にモテ運を使ってしまっているかも。

もう一つ、「裏モテ期」がある。
裏モテ期？　あまり聞き慣れない言葉だと思いますが、
僕が勝手につくったので、世間的には知られていないと思います。

この時期に入ると、普段モテなかった人ほどめちゃくちゃモテる。
しかも、「この人は自分とは絶対に釣り合わない」「手が届かない」
と思う人と付き合える期間。

人生で一度は必ずやってくる、とんでもないモテ期です。

ただ、この運気は継続力がないので、
1～3年でその効果はなくなってしまう。
この時期に勢いで結婚すると、離婚につながることもある。

ではこの時期はいつなのか。
気になると思いますが、案外簡単にわかるもの。それは……

「不運に感じるとき」
「何をしても、楽しくないとき」
「何をしても、うまくいかないとき」
「現状から逃げたいとき」
「変な病気や事故にあったとき」

最悪なときに、裏モテ期はやってくる。
不運と、ほとんど一緒にやってくる。

「あ～、最近いいことが全然ない、最悪だ！」
と思うときほど、とんでもない異性の心をつかめるかも!!

自棄を起こして周囲を困らせるくらいなら、思い切ってこれまでと
違った人や、手の届かないような人に告白した方がいいかも。

あなたの裏モテ期はいつでしょう？
まぁ、たくさんの人にモテなくても、
好きな人に好かれるのが一番なんですけどね。

人生に一度くらいは、モテを楽しむのも悪くはない。

WORK & LIFE

占いよりも大切な話
ナビ #11

# 運と不運の話は――

Episode No.

*147, 155, 159, 196, 197, 198, 199, 200*

---

運をつかんで成功したように見えても、
その人は、成功に執着して
苦しんでいるかもしれない。
学歴を手に入れても、偉そうになってしまい、
優しさを失っているかもしれない。
得たら、失う。
それは仕方のないこと。
運も不運も「通過点」。
そう思えば、どっちに転ぶかわからない。

LOVE

占いよりも大切な話
ナビ #12

# 恋人になる誰かとあなたのための実践の話は ――

Episode No.

*25, 33, 48, 58, 62,*
*73, 102*

告白しないと付き合えないのに
ほとんどの人は、告白を避ける。
自分のプライドを守るため。
振られたら恥ずかしい……と言うけれど、
好きな気持ちはその程度のものなのか。
たとえ上手くいかなくても、
その経験は、必ず次に活かせるから。
自分の殻を破ろうと思わせてくれるほど、
その人を好きになれたことに感謝しよう。

119

# 植物は人を育ててくれる

「花や植物を部屋に置くと運気が上がる。でもサボテンはダメ」
どこかで聞いたり読んだりしたことがあるかも。

部屋やお店に花や植物を飾ると運気が上がる。
なぜ花や植物がいいのか。

植物は単純に生きている。
水をあげて太陽の光をあてる。
それだけで自然と長く生きてくれる。

こんな単純なことをマメにお世話できない人は、
他の単純なこともできない。

サボテンは手を抜ける。
ほとんど水を与えなくても生き続ける。
マメにならないからダメなだけ。

「運気が上がるから」
そう言われて素直にやってみると、
実は生きる上で必要なことを教わっていることに気づく。

「部屋に植物を飾っただけで運気が上がるなら全員やるよ！」
と言う人もいる。

結局そこなんですよ。

他人が「いいですよ」と言ったことを素直に聞けて、
素直に実行できるか。
その行動に、実は意味があったりする。

言葉の裏側を、行動の意味を、少し考えてみるといい。

**部屋に花を飾る、植物を置く。**
**それ自体は簡単なこと。**

**マメになることで植物を綺麗に保てる。**

**そんな人は、人に対してもマメになれるし、**
**綺麗を維持しようとする。**
**結果的に人として素敵になっていく。**

**素直で綺麗が好きな人は魅力的になる。**
**自然と人も集まって楽しく生きられる。**

花や植物を買っては枯らして、ドンドン買い替えてはまた枯らして
……を繰り返していては意味がない。

枯れるのは仕方がないですが、
どれだけ植物を大切にできるか。
そこに意味があるから。

植物を育てるのではなく、
自分を、人を、育ててくれるのが花や植物。

# 他人のことだけを考えてみるといい

**悩みが生まれるのは、**
**自分のことだけを考えているから。**

**一度、自分のことではなく、**
**他人のことだけを考えてみるといい。**

かなり難しいことかもしれないけれど。

自分のことばかり考えていると、
ドンドン悩みや不安から抜けられなくなる。

他の人のことを考えると、案外楽になる場合が多い。

人のために努力をしたり、人のために考える。
結果的に自分のことを考えるのではなく、
一度、全力で他人のことを考える。
これはとても大切で、とても楽しいこと。
いろいろなことが楽になる。

120

**他人は他人のことを考えられる人を好きになる。**
**自分のことしか考えられない人のことは、**
**好きにもならないし、応援も協力もしてくれない。**

**悩みや不安を解決したいなら、**
**つらい状況を抜けたいなら、**
**他人のことを思って生きてみたり、**
**他人の喜ぶことや、**
**他人が笑顔になることを考えて行動すればいい。**

必ず助けてくれる人や、
必ずアドバイスしてくれる人や、
必ず協力してくれる人が現れる。

とても難しいことなので、すぐに実行できないと思うけど、
頭の隅に入れておくといいかもしれない。

121

# もし2年間部屋に閉じ込められることが決まったら、どうするか？

もし今、その部屋に２年間閉じ込められることが決まったら、
どうするか。

食べ物とかお風呂とかトイレとかはあるとして。
問題は、２年間その部屋で何をするのか？

どんな場所にも面白いことはある。
自分で発見できるかどうかだけ。
もう発見がないと思ったら、それまでなだけ。

２年間その空間にいることになったら
「苦痛だ～」と思うことはもちろんあるだろうが、
では、その部屋その空間をどう楽しむか、いろいろ考える。

まずは、部屋にある本を全部読みつくす。
その後も、あらゆる文字を読んだり、机の下のネジを数えたり、
電球のメーカーを調べたり、魚の絵の鱗を数えたり、
楽しめることはいっぱいある。

多くの人は忘れている。
その空間を楽しむことを。
もっとある。
まだまだある。
他に面白いことはないのか！
そう思う気持ちがあれば、どんな場所もどんな空間も楽しめる。

2年後、その部屋を隅々まで知っているから、
いろいろな人に面白い話ができる。

あの電球とこの電球はメーカーが違う。
机のネジの数は24個。
まあとても詳しくなっている。

何でも苦痛だと思ってしまったらお終いで、
どんな状況でもどんな場所でも、
楽しいことや面白いことを見つけようとする努力はできる。

**苦痛だと思う前に楽しんでしまえばいい。**
**面白いことを探そうとすればいい。**

**自分の考え方一つで人生は楽しくできるから、**
**周囲の変化を期待する前に**
**自分の考えを改めればいい。**

**流されたら流された場所で楽しめばいい。**
**自分の思い通りじゃないから人生は楽しいもの。**

**だから、日々楽しいことを、日々面白いことを**
**見つけられるようにどう生きるか。**

**もし今、その部屋に何年も閉じ込められることになったら、どれだけ面白いことを見つけられるか。**

**そう発想できるようになったらどこでも楽しめる。**

122

# 遊び心がある人は
# 恋のチャンスが多い

自分はこんな人が好き。
こんなタイプが好き。
と言っても、好きなタイプと付き合える恋は、案外少ない。

多くの人は、
「タイプではなかった」
「突然好きになった」
「寂しかったから」
「とりあえず」
「Hがしたかったから」
など、まあ理由はいろいろ。

自分が好き、はとても大切なことだけど、
恋からたくさん学べることがあるから、
自分の好みだけではなく、この人は自分と違うな〜と思う人や、
この人は世界観や考え方が違う、
という人と付き合ってみるのもいい。

そもそも価値観はみんな違う。
付き合ってみないとわからないから。
付き合ってみたら、新しい発想を知ることになったり、
視野も広がったりする。

**恋愛は所詮遊びだから。**
真面目な恋ってなんなの？
と思うから。

遊びじゃない！
と言う人も、楽しくなかったら結局続かないことが多いし。
いろいろな人と遊んでみるのも、楽しめるならそれでいい。

恋に遊び心を忘れてしまうと、
ギスギスしてしまうことがあるから。

まったく好きになれない人と付き合え！
という意味ではなく、
この人は好きになれるかな〜？
くらいの人と、
まずは遊んでみるといい。

**恋愛は、所詮遊びだから。**
**遊び心を忘れないように。**
**遊び心がある人は、**
**恋のチャンスが多いから。**

123

WORK & LIFE

「どうせ変わらない」
と思って
何もしない人と、
とりあえず
何かをした人では
差が大きく
ひらくもの。

# そういう人もいるだけ

男は、女は……。
Ｂ型は、Ａ型は……。
大人は、子どもは……。
東京の人は、アメリカの人は……。

いろいろあると思いますが、すべては、
「そういう人もいる」
ただそれだけ。

**たまたまそういう人もいる。**
**いい人がいれば、悪い人もいる。**
**合う人がいれば、合わない人もいる。**
**ただそれだけ。**

124

125

# 恋人や結婚相手の約80%は、友達からのつながり

恋人や結婚する相手の約80%は、友達のつながり。
元々友達。
友達の友達。
友達の紹介。
会社の人の友達。
友達の友達の友達。

このあたりで、ほとんどの人が結婚をしている。
つまり、友達が恋愛においてとても重要で、
同じ友達とばかり遊んでいたり、友達を替えないと、
次の恋に発展しない可能性が高くなる。

占いで、
「習い事を始めましょう」
とアドバイスをすることがあるが、
それは勉強するといい、ということの他に、
本当は「定期的に出かける場所で、人脈を広げましょう」
という意味でもある。

恋人ができない、結婚ができないと嘆く人の多くは、
交友関係が狭かったり、新たな友達をつくろうとしない人が多い。

友達が多い時点で、ある程度コミュニケーションがとれる。
「人見知りです」「人が苦手です」
そんなことを簡単に口に出す人がいるが、
そんなものは、何人も人に会えば簡単になくなる。

学生時代や狭いコミュニティーで嫌な人に会うと、
それを基準にしてしまう人もいる。
社会に出れば、仕事以外では、嫌いなら会わなければいい。

合わない人とは会わなくてもいい。
人脈も、趣味も、興味のあることも、
広げるだけ広げてみるといい。

自然と自分と似たような人が集まる場所にしか、
人は集まらないから。
気楽な場所へ行くといい。
居心地のいい場所で、友達はできるから。

**深過ぎず、浅過ぎない。**
**いい関係の友達をつくってみるといい。**
**それが自然にできれば、**
**恋も結婚も自然とできるようになる。**

**交友関係はワガママではいけない。**
**合わせ過ぎてもいけない。**

**恋や結婚相手は、**
**友達が握っていると思うと楽しくなる。**

**どんな友達をつくればいいのか、**
**考えて行動してみるといい。**

# 伝わらなくて当たり前で、伝わったらラッキー

何度も同じことを言わせる人がいる。
言っても伝わらず、同じ失敗を繰り返す人もいる。
「これは、自分を馬鹿にしているのか？」
と、ムッとすることもありました。

**でも、ムッとしたり、怒ったりする方がおかしい。**
**他人だから、伝わらなくて当たり前。**
**相手に合わせて、言葉を変えたり、表現を変えたり、**
**タイミングを変えたりと、**
**いろいろ試してみると、伝わる瞬間がある。**

126

「伝えたのに！」
「言ったのに！」
は、自分基準でしか考えていないワガママでしかない。
自分が正しいと思い込んでいるからイライラする。

他人だから、その人の気持ちになって、試し続けるしかない。
イライラするのは自分基準だから。自分に原因があるんですよ。

あるとき、スーッとハマることがある。
それは、人によって違う。
面倒だけど、それが見つかるのは、とても楽しい。

この人はこんな表現だと伝わりやすいんだな〜。
今度はこんな言い方をしてみようかな〜。
と、試してみるのが楽しくなる。

正論だろうが常識だろうが、伝え方が気に食わないと聞かないのが
人ってもので。

伝わらないことにガッカリしたり、イライラしないで
「伝わらなくて当たり前で、伝わったらラッキー」
くらいに考えた方がいい。

何度も同じようなことを聞く人や、同じ失敗を繰り返す人には、
今度はどうやって伝えるのがいいか。
相手にスーッとハマる言い方を見つけることを楽しもう。

本を読んだり、人と話すと、いいヒントがあったりする。
伝え方や表現方法はたくさんある。
言葉を選ぶ面白さを知ると、人生はまた楽しくなる。

ただ
そう思っただけ。

127

RELATIONSHIP

他人の
努力や苦労を
想像できないで
嫉妬する人は
幸福には
なれない。

# 世の中は、勝ち負けや強弱ではない

世の中は勝ち負けや強弱ではない。
「おはし」と「ナイフとフォーク」。
どちらが勝ちで、どちらが負けなのか。

それは、和食なら箸、洋食ならナイフとフォークとスプーンに
使い分けるだけのこと。そのくらいは幼稚園児でも理解できる。

**世の中、戦ったり争ったり競ったり、**
**競争するばかりが正しいわけもなく。**

**そもそも比べる必要のないことがたくさんあり、**
**用途によって使い分けることが大事なだけ。**

128

**競わない。**
**戦わない。**
**個性をつくるとか、自分をつくるとか、**
**それで争ってはいけない。**

いいものをつくることは、ぶつかることや競争ではない。

自分との戦いはいい。
他人とは競わず、別の道で極めることを追い求める。
人生はその方がいい。
違う場所で生きられるように知恵を絞る。

用途別に扱ってもらえるように、自分を磨くといい。

129

# 他人の機嫌に左右されない

自分の思い通りにならないからといって、
機嫌を悪くして、周囲をコントロールすることは、
人としてやってはいけない。
そんな人は運気が悪くなる。

不機嫌な感じをわざと出して、他人に気を遣わせる人は運気が
ドンドン落ちるが、それに左右される人も運気が落ちる。

どんなに機嫌が悪そうな人がいても、気にしない。
その人はその人。
他人は他人。

機嫌が悪いことに付き合う必要はない。

問題は、それに巻き込まれてしまうこと。
「おはようございます」と笑顔で言っても、
相手はムスッとして無視。
それに腹を立てたりイライラしたり、
こちらが機嫌を悪くしてはいけない。

気にしない。
**自分は機嫌よく過ごせばいいだけ。**
**巻き込まれない修行だと思って。**

**機嫌が悪いことをアピールして、**
**他人に気を遣わせるような人になってはいけない。**

すべてが心の修行。
思い通りにならないことを、感情に出さない修行だと思って。
これで運気が上がると思って。
イライラするときこそ、笑顔でにっこり。
楽しいことを考えたり、このくらいで済んで良かったと、
怒らないゲームを自分でする。

**思い通りに進まないことでも**
**すべては最善で最高な方向に進んでいると思えば、**
**自然と機嫌が良くなるもの。**

**機嫌良く。**
**明るく。**
**元気で。**
**笑顔で。**
**愛嬌良く。**

**それを続けることが、運を上げる。**
**それを続けられる人が、幸運をつかむ。**

**他人の機嫌に左右されない。**

**自分の機嫌にも左右されないように。**
**そんな心で生きる人に**
**運は味方する。**

運気の良くなる
手前が最も苦しく
辛いもの。

130

苦しく辛い時ほど、
あと一歩で
流れが変わることを
忘れないように。

131

# 女の敵は女友達の場合がある

対等に付き合えない女友達とは、
一度縁を切った方がいい。

友達を、何か勘違いしている人がいる。
友達は奴隷じゃないんだから、互いの意思を尊重して、
お互いの合意でいい距離感をつくれるのが友達で、
対等に付き合えない友人は、不要だと思った方がいい。

**嫌なことは嫌だとハッキリ言えないような人は、**
**友達でも何でもないから。**

意志が弱い人ほど、
友人のいいなりになっている。

それではいい恋もできないし、恋人もできない。
恋人ができても、相手に流されてしまう。

**まずは、自分の意思をしっかり持つこと。**

**自分がどうしたいか、自分で判断することが大切で、**
**「自分を出す」とは違う。**

**「自分で判断する」ということ。**

**友人に振り回されてはいけないし、**
**振り回す友人は、友人でも何でもない。**

しばらく恋人のいない女性の多くに見られるのが、
仲のいい友達や、遊び仲間の全員に、恋人がいないパターン。
もし当てはまったら、一度そこから離れてみるといい。

恋人ができない原因が、その友人や、仲間の可能性がある。

一度離れてみて、
遊びを断っても仲が続く相手か、
自分のペースで遊べる相手か、
試してみるといい。

友人なら対等。
「じゃあ、また今度ね〜」
が当たり前で、それを許さないような友人がいるなら、
今後の付き合いを本気で考え直してみてください。

いつだって新しい友達はつくれるし、新しい人脈は広がるし、
お互いの意思を尊重してくれる人は、他にもたくさんいるから。

友人の自分への扱いを一度よく振り返ってみて、
あれ？　なんか相手のワガママばっかりだな？
と疑問に思うなら、しばらく遊ぶのを避けてみた方がいい。
本当にいい友人なら、
何年離れても、また楽しい時間をつくれるから。

女の敵は女友達の場合がある。
ただ
そう思っただけ。

# モテ期にもいろいろ種類があることがわかった

132

モテ期にも、いろいろな種類があることがわかった。
「モテ期」
「超モテ期」
「プチモテ期」
「裏モテ期」

モテ期は、人生で数回ある。
最低で3回。
多い人は10回くらいあるかも。
超モテ期は人生で2、3回ある。
ここで結婚する人が本当に多い（特に女性は）。

プチモテ期とは、
年ごとにちょっとだけある恋のチャンスみたいなもの。

裏モテ期とは、
自分の好みではない人からモテる時期。
意外な人物と付き合える時期でもある。

ただ、10人に1人は「モテ期を感じない星」を持った人もいる。

嘘でもいいから「最近モテる」と言った方がいい。
「モテない」「出会いがない」と自分で言う人には、
延々とモテ期はやってこない。

一番いいのは、
「なんか、モテるんですよね」
「出会いはあるんですが、タイミングが悪くて」と言うこと。

「モテる」と自分で言うと、
「どこがモテているのか？」と、周囲は自動的に探してくれる。

「モテない」と言うと、
「あ〜、ここが悪いからモテないんだな〜」
と、自動的に欠点を探し始めてしまう。

人が「いい」と言うと、自然と「いいもの」だと思ってしまうのは、人として当たり前の心理で。
まれに逆の人もいますが、少数なので気にしなくていい。

「出会いはない」と異性の前で言うと、目の前の人に対して、
「あなたは、私が求める出会いに入っていませんから」
と言っているのと同じ。
とても失礼だったりする。
相手があなたに少し気があっても、
臆病なタイプだったら、あなたを避けてしまうかも。

「モテない」「出会いがない」とは言わない方がいい。
結局はモテ期よりも、自分の好きな人から好かれる方が大事。

**恋は自分に見合う人と付き合うことが一番。**
**その「自分に見合う」を見極められれば、**
**楽しい恋ができるもの。**

人の悩みの多くは
「他人」。
ならばどんな人とも
仲良くなれば、
多くの悩みは
なくなる。

133

コミュニケーション
能力が高いことは
運がいいことでもあり、
それは努力で
手に入れられる
幸福でもある。

134

# 繰り返すなら

運が良いとか悪いとかは関係なく、
同じことばかりを繰り返す人がいる。

なぜ将来を考えない？
なぜ先を想定しない？
考え過ぎて臆病になる必要はないけど、想像力は必要だと思う。

成長しましょう。
学習しましょう。

**繰り返しでは、何も変わらない。**
**少しは変わるかもしれないけれど、**
**時間がかかり過ぎる。**

**それでも、変わらないなら、**
**繰り返すなら、**
**それを楽しみましょう。**

ただ
そう思っただけ。

# もう一度頑張ってみませんか？

**人生を諦めてはいけない。**
**人生を投げてはいけない。**

**つらいときはある。**
**人生はそんなもの。**
**諦めたらそこで終わり。**

**やり直しはきく。**
**仕事も、勉強も、恋も、夫婦生活も。**

135

つらいのは自分だけではない。
自分が一番可愛いから、
自分が一番つらいと思ってしまうのはわかるけど。

過去は関係ない。
親のせいでも、友達のせいでも、昔の恋人のせいでもない。
すべては自分。

もう一度頑張ってみませんか？
周りが呆れるくらい頑張ってみませんか？
あの時のように。

無駄だと思った汗は、気持ち良かったはず。
テンションを上げて全力を出すことを思い出して。

大切なことを忘れてる人が多い。

136

# 嫌な人や嫌いな人に合わせる必要はない

嫌な人や嫌いな人に、自分を合わせる必要はない。

「笑顔で挨拶をするといいですよ」
「人に感謝を伝えるといいですよ」
「他人を喜ばせるように生きた方がいいですよ」
「悩んでないで、行動してください」

ごくごく当たり前のことを伝えていると、必ず出てくる。

「笑顔で挨拶をしても、返してくれない無愛想な人がいるから、挨拶はしたくない」
「感謝をしても、何のメリットもないから、感謝する必要はない」
「喜ばせても何もない」
「行動しようとしても友達が止める」
などなど。

**どこを見て生きているのか。**
**視点をどこに置くかによって、人生は変わる。**

笑顔で挨拶をして、笑顔で挨拶してくれる人にだけ注目すればいい。
感謝を表して、感謝してくれる人を見ればいい。
喜んでくれる人を喜ばせればいい。
ともに行動してくれる人を見ればいい。

**自分がどこを見ているか、どこに向かっているのか。**
**間違っているのは己の考え方と、自分の視点だと。**
**そこに気がつかないと、**
**アドバイスの意味がなくなってしまう。**

「学生時代いじめられました」
いつまでも学生時代の話をする。
社会人になったら関係のないこと。
そもそも世界中の人がいじめていたわけではない。
いじめていない人の方が多いのに、
勝手に間違えた視点のまま止まっている。
いじめなかった人の方を見ればいいのに。

何でもそうですが、
その考えが間違っているのでは？
自分は今幸せなんじゃないかな？
と、まずは自分の考えを改める必要がある。

**他人の嫌なところばかり見ても何も始まらない。**
**嫌いな他人の視点に合わせる意味がわからない。**
**己の信じる方を突き進めばいい。**

**嫌いな方に合わせる自分を改めないから、**
**現状は何も変わらないまま。**
**視点を、考え方を変えれば、**
**人生は簡単に楽しくなるもの。**

L O V E

占いよりも大切な話
ナビ #13

# あなたの本心がわかる話は

Episode No.

29, 107

人の悩みの多くは、他人。
避けるのではなく、もっと知ろうとすれば、
恋愛は怖くなくなってくる。
恋愛も人間関係も、
自分を知り、相手を知れば、
どうすればいいのかがわかってくる。
相手を笑顔にするにはどうしたらいいか。
いつまでも自分基準で人を見ていないで、
もっと相手を知り、自分を知ることを楽しもう。

LOVE

占いよりも大切な話
ナビ ＃14

# 恋愛から幸せへ向かうための話は――

Episode No.

41, 69, 180, 186, 188, 190, 195

この世に生まれてきただけでも奇跡で、
先祖の一人でもいなかったら、
今のあなたは存在しない。
奇跡的に生まれてきた我々が、同じ時代に、
同じ空間にいることは、さらにすごい奇跡。
子どもにつなげたり、他人につなげたりして、
続けていくこの奇跡を、最大限に楽しもう。
あの人と出会えた奇跡や、同じ世界を生きて
いる奇跡に、感謝と感動を忘れないように。

# 褒められなくていい

評価されよう。
結果を出そう。
才能を見せよう。

でも、すべての人にそれができるわけはなく、
すべての人が褒められたい側にいるのでは、
バランスがおかしくなる。

世の中には褒める人が必要で、
褒められたい人は、褒める人を探している。

137

**褒めれば褒めるほど、**
**あなたの周りには褒められたい人が集まってくる。**
**人が集まれば、情報が集まり、**
**情報が集まれば、権力もお金も集まってくる。**
**あなたは他人を褒めるだけで、**
**いろいろなものを手にするチャンスを持っている。**

でも多くの人は気がつかない。
自分が褒められたいから。

「私を褒めて！」そう叫ぶほど、周囲は
「どこを褒めるの？」とツッコんでくる。

世の中には心の寂しい、幼い批判家がいる。
傷つくのが嫌だから褒められようとしなくなる人が増えてしまう。

それなら、褒める側になればいい。
「才能があるな〜」「凄いな〜」

**少しでも努力をしていたり、頑張っている人を褒めて、**
**認めてあげればいい。**
**才能を褒めて、才能を認めてあげればいい。**
**その人はあなたに感謝して、あなたの味方になって、**
**協力もしてくれるようになる。**
**褒められ続ければ、人は嬉しいから。**

今度はあなたが褒められるようになるから。
「あなたのおかげで頑張れた」
「あなたが応援してくれたから」
「あなたが才能を認めてくれたから」
と。

人はみな褒められたい。
でもバランスが合わないから。

褒める側を演じてみるといい。
褒める側の人になってみるといい。

とても感謝されて、とても嬉しくて、
素敵な生きがいの一つになるから。

褒められないと嘆くなら、
褒める側になってみるのもいい。

138

# 緊張するほど自分をよく見せようとしなくていい

人に会って、人の輪を広げ、知らない人と話してみて、
他人を認めて、他人のすごさを知れば、日々は楽しくなる。

臆病になるほど、性格の悪い人は少なく、
合わない人は合わないし、合う人は合う。
ただそれだけ。

でも、己の性格が悪ければ、誰とも合わない。
合わせられる性格をつくらなければならない場合もある。

自分勝手な子どものままではいけない。
人に合わせる楽しさを覚えなければいけない。
学生気分のままではいけない。

人にドンドン会って、いろいろなタイプの人と話して、
いろいろな人がいることを知って、そこから勉強して、
人を分析して、人を観察するだけで、人生はとても楽しい。

「はじめまして」ほど、面白いものはない。
知らない人同士の方が、話は意外と盛り上がるから。
初対面では、できるだけ共通点を探そうとするから。

なんとか話そうとするから。

「人が苦手」などと、くだらない言い訳をしていないで、
自ら話しかけてみれば、そんなものはすぐ慣れる。

**人にたくさん会って、**
**たくさん話して思ったのは、**
**そんなに嫌な人や、悪い人はいない。**

**いい距離感をとって、その場だけの話をしてもいい。**
**深い話をしてもいい。**
**結局つながるのは、面白いと思える人や、**
**わかり合えそうな人や、共通点のある人だけ。**

**まずは一歩踏み込んで、**
**ドンドン人と話してみるといい。**
**話してみないと、何もわからないから。**

緊張するほど、自分をよく見せようとしない方がいい。
そんなに臆病になる必要はないから。

139

# 幸せな人の共通点は

**幸せな人の共通点は、**
**何が起きてもポジティブに受け取るところ。**

不運や悪いことが起きても、
「このくらいで良かった」
「もっと悪くならなくて良かった」
どんな出来事も、前向きに受け取ることができる。

不運や悪いことが起きると、
「なぜ失敗したか」
「どうしてこんな状況になったのか」

過去からの原因を探って、
同じ失敗をしないように考えて今後に活かす。

このどちらかのパターンの人は、
幸せが何なのか、案外見えている感じがする。

ではこの両方ができるようになると……。

何が起きてもポジティブに受け取って、
その原因を探れるようになる。

そんな人はドンドン前に進んで、日々を楽しくしている。
少しでもそんな人たちのマネをすると、
人生はドンドン楽しくなる。

# 140

他の人から
「助かったよ」と
言われるたびに
運気は少し
良くなっている。

# 恋は自分から！

141

どんな人にもモテ期がある。
それは、人には「目に見えない運」があるから。

どんなに必死で頑張っても、結果が出ないこともあれば、
それほど努力していないのに、いい結果が出ることもある。

頑張っても、
必ずいい結果にたどり着くわけではないのが人生。

どんな人も、幸せになりたいから努力している。

世界中の人が一斉に幸せになることはない。
自分の幸せは、他人の犠牲の上にある場合も多い。
幸せは順番で、いい時期があれば、悪い時期もある。

世の中には、
この流れを敏感に感じられる「勘のいい人たち」がいる。

占いとか霊能力とかではなく、ただの勘がいい人。
この勘のいい人たちが、運の良くなっている人を見て、
「この人は魅力がある！」と思って行動するから、
誰にでもモテ期が訪れる。

「自分はモテたことがない」
と言う人の多くは、選び過ぎが多い。

「タイプじゃない」
「好みじゃない」
「理想と違う」
そんなことを言っている人は、まだ考えが幼いか、
恋に対して理想が高いか、自分への評価が甘いだけ。

ま〜そうは言っても、ある程度、好みはあるから仕方ないですが、
性格が合うと思うなら、一緒にいて楽だと思うなら、
一度付き合ってみるといい。
一度モテ始めると、人はドンドンモテるようになるから。

「こんな自分で良ければ……」
という謙虚な人は、モテ期を感じられている。

「恋は自分から！」

142

# 人は間違える。ただ、大切なものを失わないように

人は間違える。

一瞬イラッとして、無計画な行動に出たり、
無謀な行動に走ってしまうことがある。

人間だから仕方ない。
仕方がないから許します。
そんな話ではなく……。

人はたくさん間違える。
それは、
「間違えてますよ」
と言われないとわからない場合と、
自分でわかっている場合とがある。

「自分は、なんてことをしてしまったんだろう……」
間違いだったと気づける心があれば、
罪悪感が生まれる。
そして、自分がドンドン嫌いになってしまう。

でも、そんなに自分を追い詰めなくてもいい。
罪悪感が生まれた時点で、それは反省をしていることだし、
心を痛めているから。

そんなときに優しくされると、人はさらに辛くなる。
「優しくしないで、自分はそんな人間じゃないから」

そう思うより、優しさには優しさで応えていけばいい。

**一瞬の間違えた判断は、もう仕方のないこと。**

**人は昨日には戻れないけれど、昨日の記憶はある。**

**過去からは、学べばいい。**
**ただそれだけ。**

**自分が何をしたのか、自分が一番わかっているなら、**
**それでいいと思う。**

**自分が何をしているかわからないような、**
**心の寂しい人ではなかっただけで、**
**自分には、いい心があった。**
**そう思えばいい。**

すべては償えないかもしれないけれど、過去から学んで、
自分に優しくしてくれる人に甘えてみるといい。

意地を張らないで。
頑固にならないで。
これ以上自分を苦しめても、何も変わらないから。

**人は間違える。**
**でも、それを繰り返さなければいいから。**
**間違いを繰り返して、大切なものを失わないように。**

# モテ期は、自分でつくるもの

143

「自分が好きでいたい」が強い人は、
モテ期を感じられない。

そのルールを貫き通すなら、もうモテ期は必要ないし、
モテを感じることもできなくなる。
「モテ期を失う星」
と僕は言っているが、
それほど自我が強ければ、これはもう仕方がない。

もう一つは「臆病」。
人に臆病で、一歩が踏み込めない。
恋には勇気が必要だから、もうこれは慣れるしかない。

「10 年以上恋人ができません」
そんな女性が、先日結婚した。

彼女には、
「今年は恋人ができるから、行動範囲を広げてください」
そう伝えた。
彼女は信じて、今まで行ったことのないパーティーやら、
異文化交流会やら、飲み会にドンドン出席した。

最初は人と話すことが苦手でしたが、
飲みに行けば店員と話したり、常連と話したり、
気がついたら「人慣れ」していた。

人と話すことや、初対面の人と話すことが苦手だった彼女が、
結果的に「いろいろな人と楽しく話せる人」になっていた。

明るくなったし、声の通りもよくなっていたし、
自信もあるように見えて、魅力も感じられた。

飯田さんに「モテ期ですよ」と言われた。
調子に乗ってみたら、人生が変わった。
「モテ期って、自分でつくるものなんですね。
ありがとうございました」
そんなことを言っていた。

**「モテ期ですよ」＝「信じて行動する」＝「人に慣れる」＝**
**「度胸がつく（勇気が身につく）」＝「自信がついて」＝**
**「魅力的に見えて」＝「モテる」なのかな〜と。**

**モテ期は誰にでもあるから。**
**モテ期は、**
**信じない人にはいつまでもやってこない。**

ただ
そう思っただけ。

# 144

# RELATIONSHIP

自分も不完全、
相手も不完全。

# 人と運と努力の関係って、よくできている

運気の悪いときに、どれだけ努力するか。
運気のいいときに、どれだけ人に優しくするか。
これが自然とわかっている人に、すごい人が多い。

「あ〜、運が悪いな〜」
そう感じるなら、努力する時期。
勉強する時期がやってきたサインです。

「何をやっても運がいいな〜」
そう感じるなら、周囲の人を助けたり、応援してあげると
運気はドンドン良くなるし、日々が楽しくなる。
運気がドンドン良くなれば、さらに人との関わりができてくる。

**頑張るから、運も引き寄せられる。**
**運が引き寄せられるから、人も引き寄せられる。**

**努力して、頑張って、**
**実力がついてくると、**
**周囲は優しくしてくれる。**

**優しくしてくれるから、**
**自分も周囲に優しくできる。**

**人と運と努力の関係って、**
**よくできている。**

145

# 道の向こうにあるものは

146

「才能が開花する時期」
これまでの努力が報われ、才能が開花する時期。
占いでは、そんなことが出たりする。

「開花」
とはなんだろうと常に考えていた。

「花が開く」で開花。
綺麗な花が咲いていれば、人はそこへ近づこうとする。
遠くに綺麗な花が咲いていれば、
もっと近くで見てみたいと思うのが人ってもので、
花が咲いているだけで、そこには道ができる。
ただ咲く花でも人を引きつけ、道をつくることができる。
花を咲かすことができれば、自然と道ができる。

**開花とは、己の道が自然とできること。**
**小さく開花してもいいけれど、それが森の中では、**
**なかなか見つけてはもらえない。**

**まずは成長しないと。**

**他の木に負けないように、高く長く成長すれば、**
**遠くからでも開花したことが見える。**
**遠くから見えれば、遠くから人を集められるもの。**
**開花は、己の努力と成長でできるもの。**
**その後の道は、自然と周囲がつくってくれるもの。**

# 147

どんな時でも
「楽しむこと」を
さぼらない人に
運は味方する。

# 自分のルールで人生を楽しく

148

恨むとか、妬むとか、つまらない怒りのルールに縛られて、
自らがんじがらめになって、ドンドン身動きが取れなくなって、
自分のルールに縛られて、前が見えなくなっている人がいる。

一瞬イラッとしたり、ムカッとすることは誰でもありますが、
恨む、妬むという自分のルールに縛られて苦しんでいる人がいる。

「過ぎたことだから、もう忘れよ」
「過ぎたことだから許しましょう」
自分で自分の身動きを取れなくして、固まってしまう前に、
すべてを許した方が、相手ではなく、自分が楽になる。

自分が自由に、楽になるためにも、他人を許した方がいい。
「はいはい。過ぎたこと、過ぎたこと」
自分に言い聞かせれば楽になる。
息苦しいのは、自分で自分のルールに縛られているから。

つまらないルールで自分の性格を悪くしたり、
**身動きが取れずに苦しむ原因をつくらない方がいい。**

**他人に過度に期待しない。**
**他人は望み通りに動かない。**
**他人に求め過ぎる方が馬鹿らしい。**

**あらゆることを許すと気持ちが楽になる。**
**忘れられないことがあるなら、**
**許せばいいだけ。**

**運のいい人や幸せそうな人は、先の話ばかりする。**
**未来の話。**
**明日の話。**
**夢の話が好きな人になれるといい。**

過去の思い出話はどうでもいい。
過去の嫌な話や苦労話は、いい思い出に変換して話せばいい。

過去を塗り替えて、明るい未来の話だけを続けてみるといい。
失敗やミスは誰にでもある。
ソリの合わない人もいる。

小さなことでイライラ、カリカリしない自分をつくる。
いつだって前向きに、先を見続けられる自分になる。

そんなルールをつくると、人生はまた楽しくなる。
夢と、希望と、未来を目指し続けられる人に、運は味方する。

自分のルールで自分の人生を楽しくすればいい。

ただ
そう思っただけ。

# 出会いは自分次第

「運がいいときに、どんな人に出会えるか」
運がいいと思える出会いが、とても大切。

あの人に出会っていなかったら、今の自分はない。
そう言いきれる人に、何人出会えるのか。

アドバイスしてくれた人。
助けてくれた人。
きっかけを与えてくれた人。

149

魅力的な人だから、
説得力のある人だったから、
親身になってくれたから……。

**どんなに素敵な人に出会えても、**
**自分に素直さがなければ、その人の言葉は響かない。**
**一生懸命生きていなければ、**
**相手の真剣な言葉が響かない。**

いい加減に生きていると、相手の言葉もいい加減に聞こえる。
真剣に物事に取り組んでいると、真剣に周囲の話が聞ける。

**愛嬌を見せて、**
**好かれるように生きることも大切で。**
**才能があるからといって、**
**偉そうで感謝がなければ、人との縁はつながらない。**

自分の望んだ通りの出会いは、なかなかないもので、
苦手な上司に出会ったり、好きになれないお客さんが現れたり、
ソリの合わない人とチームを組むことだってある。

それでも、どんな人とも仲良くなれる人間性が大切で。

当たり前ですが、
変な人や、性格の悪い人は、大事な人には紹介できない。
空気の読めない人は、知り合いの輪に入れないし、
そんな人を紹介することは、普通ならできないから。

紹介してもらえるような人になることは、とても大切なこと。
「はじめまして」は、相手も「はじめまして」
ならばどう振る舞うのが最善なのか。

**どんな人脈をつくれるか。**
**そのほとんどは、自分次第で変わる。**
**だから、どんな人とも仲良くなれることは大事。**

自分も初対面なら、相手も初対面。
初対面が苦手と言うなら、相手がどんな人だったら嬉しいか。
その嬉しい相手に、自分がなればいい。
自分次第で面白い人脈は広がるから、
臆病になることはないし、素直さはとても大切だと。

**人との出会いを大切に。**
**人に出会ったことを楽しんで。**
**また会いたいと思わせられる人になって。**

150

RELATIONSHIP

特に問題になって
いないのに、
自分で自分を
責めなくていい。

151

# もう一歩、踏み込もう

人との出会いは面白い。

ほんの少し何かが違っただけで、会えない人がたくさんいる。
ほんの少し違ったから、会えた人もいる。

**人との出会いが面白い。**
**偶然で必然な出会い。**

**踏み込もう。**
**一歩踏み込んだ世界に、素敵な出会いがある。**

ただ
そう思っただけ。

# どこかの誰かがやっているなら「自分にもできるかもしれない」

152

**どこかの誰かがやっているなら**
**「自分にもできるかもしれない」**
**そう思って生きてみると、人生はもっと面白く楽しくなる。**

凄いな〜。羨ましいな〜。
そう思うのもいいけれど。
やっているのは同じ人間。
ならば、本気で努力すれば、同じようになれるかもしれない。

「この人みたいになりたいな」
そう思える人が、いつどこで現れるかわからない。
ふとテレビを見たときなのか、
ラジオから流れる声なのか、
雑誌なのか、映画なのか、
店員さんなのか、
美容師さんや配達員さんなのか。
人それぞれ違うけれど。

自分も同じようなことができないだろうか。
努力をすれば近づけるかもしれない。
その人を超えられるかもしれない。

**世の中にいる「あなたに情熱の火をつけてくれる人」**
**そんな人に出会えること、**
**その人を見つけられることは、とても幸せで。**

最初は馬鹿にしていてもいい。
「なんだよ。こんなことくらい自分でもできるよ」
そう思うならやってみればいい。
自分も同じようにやってみればいい。

やってみることが大事。
すると、その人を尊敬できるようになる。
本当に凄いことなんだとわかる。
わかるまで努力した経験は、自分の力になる。

**人生は尊敬できる人に会えることが大切で。**
**他人を尊敬できる人が幸運をつかんでいる。**
**憧れや尊敬はその人を大きく成長させる。**

いつかその人に近づきたい。
話してみたい。一緒に仕事をしたい。

尊敬できる人に近づく。
尊敬できる人のサポートができるようになること。
それはとてもいい生きがいになる。

**凄いことを素直に認めて、**
**自分もなれるように努力してみるといい。**

**なれなかったとしても、努力をしたことで、**
**手に入るものはいっぱいあるから。**

なりたい人を探して、尊敬できる人を見つけてみるといい。

# 難しいことを、<br>簡単に伝えられる人に運が集まる

153

難しいことを簡単に教えられる人が一番すごい。

日々そう思う。

人は、簡単なことを難しく教えようとする。
さも自分がすごい人のように見せたいから。
そんな人が多い。
とても簡単なことを、わざわざ難しく伝える。
それでは伝わらないのに。

相手が、
「なんだか難しいな～」
「わからないな～」
となると、自分は理解できているからと、相手を見下す。
「こんなこともわからないの？」
と。

それは間違っている。
伝わらなかったら、反省しなくてはならない。
「伝え方が悪かった」
と。

ほとんどの人は伝え方が下手。
伝えられていない。

「自分の気持ちをわかってくれない」
そうではなく、あなたの伝え方が悪いだけ。

表現方法を変えたり、違う角度から伝えてみたり、
いろいろやってみるといい。

「こんなこともわからないの？」
などと言って、甘えてはいけない。
状況や環境、相手の年齢に見合った伝え方がある。

**難しいことを、わかりやすく伝える。**
**どんな人でも、その心は大切で、**
**簡単なことは、もっとわかりやすく**
**面白く説明できるように。**

**簡単なことを、偉そうに教えてはいけない。**
**簡単なことを、威張って教えてはいけない。**
**そんな人には、きっと不運や不幸が訪れる。**

**日々、伝わりやすいように考えて伝える。**
**それが優しさで、親切で。**
**相手の心を理解できているから。**

**難しいことを簡単に表現して、**
**わかりやすく伝える人には、運が集まる。**

154

# 結婚をゴールにしない

婚活。
結婚に向けての活動をすること。

それはいいことなんですが、婚活に世の女性は踊らされている。

婚活という言葉がない頃は、
「出会いはいつですか？」
「彼氏できますか？」だったのが、いつからか、
「結婚できますか？」が圧倒的に増えた。

結婚を意識することはいいんですが、
順番がおかしくなっている。

少し前までは、彼氏のいる人が
「結婚できますか？」だったのに、
相手もいないのに、先に結婚を考え過ぎてしまう。

まずは、知り合いを増やして、人にたくさん会って、
気になる人を見つけて、好きになって、好意が伝わって、
恋が始まって、お互いが歩み寄って、交際が始まって、
ある程度付き合ってから、結婚を意識する。

「人に会うのが面倒です。結婚したいです」
これはもうめちゃくちゃ。

まずは人と話す。
コミュニケーション能力を上げること。

**知らない人と話すのは面倒でも、**
**それは相手も同じ。**
**あなたにとって初対面なら、**
**相手も同じ条件。**

**異性が喜びそうな情報を集めたり、**
**趣味を増やしたり、**
**視野を広げたり、**
**知識を増やしたり、**
**恋愛の上手い人は、それなりに努力しています。**

**まずは「結婚」ではなく、**
**まずは人と人の縁を大事にしたり、**
**人に優しくしたり、**
**人との会話を楽しむこと。**

**いきなり結婚を意識し過ぎない。**
**結婚をいきなり意識するなら、**
**お見合いするのが一番いい。**

**婚活に、踊らされないように。**

155

WORK & LIFE

自分の
輝ける場所で
輝けばいい。
勝てる場所で
勝てばいいだけ。
それを探すのが
人生。

# 許せる心がある人に なりたい

許せる心がある人は素晴らしいと思う。
僕もそんな人になりたいと思う。

恨んだり、憎んだりしても仕方のないことがあっても、
それを許す。
これは簡単なことではない。

**人はミスをするし、失敗もする。**
**自分勝手な行動をして、他人を傷つける。**
**結果的に裏切ってしまう場合もある。**

**許せるわけがない。**

**でも、誰かが許してくれると、そこから変わる。**
**許してもらえると、人は変わる。**
**許してもらって、変わらない人であってはいけない。**

**そこに感謝できるか。**
**許して、感謝して、成長する。**

人を許すって難しい。
これは損得勘定ではない。
大きなことは難しいから、小さなことから許してみてください。
あなたも周りも変わってくる。

人を許せる心を育てられる人になると、人生がまた楽しくなる。

156

占いよりも大切な話
ナビ #15

# 恋愛のもう一つの側面（アナザーサイド）の話は――

Episode No.

81, 118, 154, 163, 170, 175, 182, 192

---

「行動と変化と試し」。人生にはこれが大切で。
変化に対応できるように、行動しながら考える。
人との距離や立ち回り方も含めて、
ドンドン試し、実験する。
人生はバランスボールに乗っていると同じ。
何度も試して、失敗して、改善してを繰り返し、
やっと中心がとれるようになる。
ちょうどいい具合がわかるようになる。
人との関わりを楽しむためにも、
もっといろいろと試してみればいい。

占いよりも大切な話
ナビ ＃16

# 恋のチャンスと出会いの話は――

Episode No.

*78, 93, 100, 103, 122, 125*

「最高に素敵な出会いです」と喜べない人に、
誰が大切な人を紹介しようと思うだろうか。
この出会いに感謝のない人に、
誰が素敵な人を紹介するだろうか。
日々の発言や、何気ない態度は、見られている。
どんなときも、
現状を「最高」だと言える素敵な人に、
あなたがなろう。
素敵な人と出会いたければ、目の前の人に
「今の出会いが最高です」と言おう。

# 思い出は力になる

157

服を着る。
下着を着る。
靴下、ハンカチの色など悩みはしない。

自分で持っているものは、
「運気のいい時に購入している」
運気のいい時に購入すると、自然とラッキーアイテムになる。

物事はすべてタイミングであり、タイミングのいいときの出来事や
思い出は、必ずいい方向に進む。

たとえば、失恋をしてヘコんだときに買ったＣＤを聞くと、
いつ聞いてもあの頃の失恋を思い出す。
そんな経験がある人もいると思う。

告白された。仕事でいい結果が出た。嬉しい知らせがあった。
そんな時に買った服やものを持つと、
その時の嬉しさがよみがえってくる。

嬉しい思い出のある喫茶店のコーヒーを飲むと、あの頃の
テンションを思い出したりできる。

**人は思い出に生きている。**
**思い出を積み重ねて、そこから学んだことや、過去に経験したこと**
**を活かして前に進むしかない。**

**いい思い出をたくさん持っている人ほど、今も未来も明るい。**

誰にだって嫌な過去やつらい思い出がある。
その度合いはそれぞれ違うけれど、小さなことでもヘコむ人、
大きなことでも乗り越えられる人。
いろいろいるけれど、それをどうやって原動力にできるか。

**過去の思い出に引きずられて、
前に進めなくなってはいけない。**

**過去は過去だから。
今から今を変えればいい。
今からいい思い出をつくっていけばいい。**

**嬉しいこと、楽しいことがあった日に、
買い物をすればいい。
その日の思い出がドンドン記憶できるから。**

**運気がいいと感じた日に、
何かを買うようにした方がいい。
日々そうすれば、身の回りのすべてのものが、
いい思い出でいっぱいになる。
いい思い出がある人は、それを原動力に、
またいい思い出をつくることができるから。**

身の回りにある嫌な思い出が詰まったものは捨てて、
嬉しい日、楽しい日に買い替えるといい。

人は思い出だけでは生きてはいけないけれど、思い出が原動力に
なるから、いい思い出をたくさん残せるようにすればいい。

# 自分がそうだから、他人も同じだと思う

158

落語に、泥棒集団が屋敷にお金を盗みに行く咄がある。
1000 両を盗んで持ち帰り、小判を数えてみると 10 両なかった。
親方が、
「おかしいな～。ここには手癖の悪いやつはいないはずだけど」
と言う。

泥棒なのに、
「手癖の悪いやつはいないはず」
って、そんなわけないじゃん。
みんな泥棒なんだよ、ってところがオチなんですが。

**「自分がそうだから、他人も同じだと思う」**

自分が、他人を馬鹿にしているから、
他人も、自分のことを馬鹿にしていると思う。

自分が、短気ですぐケンカするから、
他人も同じように、ケンカを吹っかけてくると思っている。

人にはそれぞれ価値観がある。
人を比べることはできないけれど、
多くの人の基準は自分。

自分がこう思っているから、他人も同じはず。
そう思ってしまう。
ところが、成長すれば、人との考え方の違いを知る。

価値観の違いを知り、
自分と同じじゃないことに気づく。
ただし、個人差があり、死ぬまで気がつかない人もいる。

「他人に優しくされない」
「遊びに誘われない」
そんなふうに思うなら、まず自分が他人に優しくすればいい。
遊びに誘われないなら、自分から誘えばいい。
「誰か遊びに誘ってくれないかな〜」
と思うなら、他の人も、同じことを思っているかもしれない。

「それなら、遊びに誘ってみよう！」
だからどうするかが大切で、それが思いやりや優しさになる。

**「自分がされて嬉しいことは、他人も嬉しいと思う」**
**おせっかいな場合もあるけれど、多くは喜ばれる。**
**「自分がそう思っているんだから、誰かも同じ気持ちかも」**
**優しい空想や妄想は、とても大切。**

「出会いがないな〜」
そう思うなら、自分以外の人も同じように、
「出会いがない」
かも。

**自分だったら何ができるか、何をされたら一番嬉しいか。**
**自分がされて嬉しいことを積み重ねていけば、**
**そのうち、人生がドンドン楽しくなる。**
**なぜなら「求められる人になれるから」。**

159

# 運の悪いときを楽しむ方法

運気の悪いときは、物事が形にならないとき。
形にしようと思うから、思い通りにならず、不運に感じる。

それなら、そんなときは形にしなかったらいい。
肩の力を抜いたら楽になる。

年がら年中、何もかも思い通りになったら面白くない。

人間には上手くいくとき、上手くいかないときがある。
だから人は成長する。

**不運なときほど力を抜いて、**
**周囲を見て焦らない。**

**形にならないときなら**
**その手前でいろいろ実験できるし、**
**楽しめることはたくさんある。**

**運気の悪いときを楽しめたら、**
**落ち込むことがなくなるから。**

**運が悪いときは、実はチャンスでもある。**
**すべては自分次第。**

ただ
そう思っただけ。

160

# 年齢とともに<br>恋のパターンは変わる

恋にはいろいろなパターンがある。
「身近にいるから好き」
「一目惚れ」
「外見がいいから」
「話が合うから」
「趣味が合うから」
「尊敬できるから」
「ギャップがあるから」
「楽しいから」
「ドキドキするから」
「ケンカができるから」
「自分の素を出せるから」

いろいろなパターンがあるが、
若い頃は、外見でモテるのが恋だと思ってしまう人が多い。
その認識のままだと、
本気で好きになってくれたのが、わからなくなる場合がある。

10代の恋、20代前半の恋、20代後半の恋、30代の恋、40代の恋――。
**年齢と共に恋のパターンは変わる。**
**素直になれる気楽な恋を忘れないように。**

**恋は突然始まる。**
**恋の種類を狭めないように。**
**恋の視野を広げてみましょう。**

# 楽しい、面白いは、かくれんぼが好き

161

多くの人が慌て過ぎ。
もっと時間をゆっくりと、もっと空間を楽しめばいい。

まだ面白いことがあるんじゃないか？
まだ楽しいことがあるんじゃないか？
そう思って人生を生きたら、まだまだ楽しくなる。

「ディズニーランドに行くといろいろな発見があって楽しい」
そう言う人がいる。
行くたびに発見しようとしているから見つかるだけで、それは
ディズニーだからではなく、自分が楽しもうとしているから。

本当はどこでもそんなことがある。
隠れミッキーは、普段の生活の中で見つけられることが多く、
自分だけが見つけたときの喜びの方が大きいはず。

同じＣＤを何度も聴いてみたり、
同じ本を何度も読んでみたり、
同じ映画を何度も観たり、
楽しみ方はいくらでもある。

ただ、自分が面白くないと思い込んだら、それでお終いなだけ。
もしもＣＤが一枚しかないなら、もしも本が一冊しかないなら、
何度も何度も、聴いたり見たりするといい。

飽きる。飽きるからいい。
飽きるから、今度は違う見方をする。
制作側の考え方を想像したり、
気分を変えて読んでみたりできる。

自分の見方や、自分の考え方に飽きてみればいい。
飽きたら新しい考え方で世の中を見てみると、
実はいろいろな考え方や発想が出てくる。

**飽きるはいい。**
**ただそこでお終いにしてはいけない。**
**その先の「面白い、楽しい」にまで到達するくらい、**
**本気で飽きてみるといい。**
**飽きるから新たな「楽しい」を発見する。**
**飽きるから新たな「面白い」を探そうとする。**

慌てて前に進む前に、
慌てて新しいことを探す前に、
慌てて次の刺激を探す前に。

まだあるでしょ？
まだ楽しめることがあるでしょ？
まだ面白いことがあるでしょ？

いろいろなことが隠れている。
いろいろなことを見落としている。
前に進む前に、見方を一度変えてみると、
もっと楽しめることがいっぱいある。

# 人には人の事情がある

162

自分がどんなにつらくても、自分がどんなに寂しくても、
他人はわかってくれてはいない。
まったく接点のない多くの人は、
あなたがどんな状況なのか、どんな人なのか、何もわからない。

あなたの本当の事情を知っている人は、ほんの少し。
身内や、本当に仲のいい友人や、身近にいるわずかな人。
それ以外の知り合いや、名前も知らない人たちは、
あなたの事情を知らないし、あなたも相手の事情を知らない。

何も知らないなら、
簡単に否定したり、批判しない方がいい。
その人には、その人の理由や事情がある。

実は、病気を抱えているかもしれない。
実は、家族に問題があるかもしれない。
実は、金銭的に悩んでいるかもしれない。
でも、人はそれを隠して生きている。

楽しそうにしていても、本当はそうではなかったり、
友達だと思っていても、友達ごっこをしているだけだったり。
ではどうすればいいのか？

**他人の気持ちを察すること。**
**攻撃されてもいないのに、攻撃しないこと。**

被害も受けていないのに、反発や批判は不要だから。
何も知らなくて、接点もないのに、
楽しそうに生きている人を批判することはない。

どんな事情があるかはわからないけれど、
楽しく生きようとする人ほど、何か事情を抱えているから。

**明るく生きよう。**
**元気に生きよう。**
**楽しく生きよう。**

**そうやって生きようとするのは、**
**理由があるし、事情があるから。**

**自分の事情を他人が知らないように、**
**自分も、他人の本当の事情を知らない。**
**知らない同士だから、思いやりの気持ちを持って、**
**楽しくすればいいと思う。**

ただ
そう思っただけ。

## 163

# 話をしっかり聞かないと、恋も始まらない

結婚できない人の多くは、人の話を最後まで聞かない。

話を聞かないタイプ。
よく言えば非常に頭の回転が速く、
相手の言わんとすることを理解するスピードも速く、
機転も利く。
活かし方によっては、非常にいい人にもなりますが。

このタイプ、他人の話の腰を折る。
他人の会話に割って入り過ぎる。
相手が話しているのに、自分の意見をすぐに言う。
話を最後まで聞かないから、失敗が多い。
話を最後まで聞かないで、自分勝手に話を終わらせているので、
大事なことをすべて見逃す。

男性からは「俺の話に興味ないんだな〜」と思われて、
100％好かれない。

話を最後までしっかり聞けない人は、
圧倒的にモテないし、
恋愛ができない、結婚ができないケースが、非常に多い。

これは男性でもダメなんですが、
女性の方が圧倒的に「嫌な女」に映りやすい。
特に周囲にしっかり話を聞く人がいればいるほど、
ダメな女っぷりが見えてしまう。

しかも、話を聞かない人は、自分に都合のいい話しか聞かない。
それを繰り返してきたので、雑味や粗さがとれないまま、
人として個性はあるが、優しさや他人に合わせる能力に欠ける。

占いをしていて、このタイプには苦労している。
「あの〜、まだ話の途中なんですが……」
と言いたくなるほど、こちらの話を聞かず自分の話をしたがる。
それでは意味がない。
占いは占い結果からのアドバイスが非常に大事で、
あなたの意見は関係ない。
占いからの考え方や情報を知りたくて占ってもらっているのに、
「話を聞かない」時点で、占いの意味はなくなってしまう。

「占い」ということを抜きにしても、
他人に相談しておいて、相談相手の話を聞かなければ、
その相手も、「話を聞かないなら相談しないでよ」となって
ドンドン見捨てられる。

**人の話を最後までしっかり聞けない人は**
**見捨てられてしまう。**
**その結果、恋愛もできないし、結婚もできない。**
**仲間も自然と離れてしまうことが多い。**

**話を最後までしっかり聞く。**
**これは本当にもっと意識するようにしないと、**
**幸せを簡単に逃してしまう。**

**聞き上手、話ののせ上手な人は、**
**しっかり話を聞くもの。**

164

RELATIONSHIP

自分の都合のいい
生き方だけを
しても、
大きなことを
失うだけ。

165

# 初めて会う人は、あなたの良さを見つけてくれる

「知らない人に会うのは面倒くさい」
と言う人がいる。
初めて会う人や、知らない人と会うのは疲れる。
それはそうかもしれない。

でも、相手も同じ気持ちだから。

しかも、**初めて会う人は、**
**あなたの良さを発見してくれる可能性がある。**

先入観がないから、
あなたの魅力や、あなたが気づかなかった能力を
見つけてくれ、評価してくれるかもしれない。

あなたも相手の素敵な面を、発見するかもしれない。
相手の可能性を、発見できるかもしれない。

初対面は面倒くさい。初めて会う人は怖い、苦手、疲れる。
でもそれは、自分の可能性を、自分で失っている。

**初めて会う人を大切に。**
**初めて会う人のいる場所をドンドンつくって、習い事やイベントや**
**行きつけの店など、出会いが生まれる場所にたくさん行こう。**

**今の環境に飽きてしまったり、面白いことがないと嘆くなら、**
**同じ人とばかり会わないで、新しい人と会ってみるといい。**

# 最終的には
# 自分に返ってくるから

人からどう見られるからとか、
他人がどうこう言うからとかでなく、
自分がそれでいいと、それが正しいと、本気でそう思うなら、
それでいいと思う。

子どもは、目先のことしか見えないけど、
大人は、もっと先が見通せる。

これをすると、いずれこうなると、先を予想できる。
先を読んで行動する。
人はみな占い師。
過去のデータから、こうなると予測する。
勝手に占っている。

**戦うのは人ではなく、自分の心。**

**今のままでいいの？**
**自分に投げかけてみて、**
**本当にそれでいいなら、いいと思う。**

**自分との戦いの結果は、**
**最終的に自分に返ってくるから。**
**自分に負けないように。**
**自分が決めたことだから。**
ただ
そう思っただけ。

166

# 167

「面白い人」は最強で。
「よく笑う人」は
最高に運がいい。

笑顔にさせられる人と、
笑顔でいることは、
とても素敵なこと。

# あるがまま

168

ありのまま。
あるがまま。

そのままの自分はもう、今の自分。
この自分を受け入れる。
これ以上でも、これ以下でもない。

「もっと自分は」
「自分は、これではない」
などと言うのではなく、現実の自分を受け止めて認める。
それが自分。

「自分探しの旅をする」
「こんな自分は、自分じゃない」
自分をつくろうとして、自分を探そうとして、もがく。
それはとても無駄なことで、そこには何もない。

己を見つめればいい。
降りかかるすべては、己に見合った出来事で、
己に見合った出会いで、己に見合った経験で。ただそれだけ。

「もっと自分は」
ではない。
他人も親も関係ない。
自分を受け入れない己がいるから、前に進めない。

今の己の力量を受け止めないと。

己がわかったら、己がどうすることが大切なのか。
文句や愚痴を言わない。
毒を吐くから毒がくる。
感謝がないから感謝のないことが起きる。
不勉強だから不勉強なことがくる。

降りかかるすべてから学ぼうと思うこと。
日々感謝し、楽しむこと。
素直に生きて己が変われば、自分が変わる。

**「自身を分かる」**
**で自分。**
**己を知る。**
**己の現実を受け止め、学び、**
**謙虚な気持ちで生きればいい。**

**今の、そのすべてが己であり、**
**それが自分自身だと受け止めて、**
**足らぬことを知り、**
**それを受け止めて学べばいい。**

ただ
そう思っただけ。

169

# ざっくりとした括りの話が好き

「血液型占いは、4種類だから当たらない！」
とか、
「星座占いは、12種類だから当たらない！」
などと言っているのに、
「アメリカ人は!!　大雑把！」
おいおい。アメリカにどんだけ人がいると思っているの？

「中国人は!!　態度が悪い！」
いやいや、礼儀正しい中国人もいますよ。

「イタリア人は!!　すぐナンパする！」
いやいや、恋が苦手なイタリア人もいますよ。

「スペイン人は!!　テンションが高い！」
いやいや、引きこもりの暗いスペイン人もいますよ。

「占いで人を何種類かにわけるなんて、信じられない！」
と言いながら、
人の頭は自然とざっくりわけてしまう。

しまいには、
「男は〜、女は〜」
あ〜あ。ついに二分の一にしちゃった。

人には個性があるから、人と同じなわけがない。
他人と同じ行動をしたり、
同じことを考えるわけがない！
と思いながらも、
案外みんな同じことを考えたり、似た行動をとる。

僕は、人間はかなり似たものを持っていると思う。
そこから教育や文化によって変化は出るとしても、
ざっくりととらえれば、同じだと思う。

占いが何種類かはどうでもいいですが、
人はざっくりとした括りが好きだったりする。

「関西人は、みんな面白い」
このプレッシャーに負けている関西人を何人も見ているし、
そうでもない場合もたくさん見たけれど、
ざっくりと見ているから、そんな人が多いとなるのが面白い。

ざっくりとした括りの話が好きなのに、
ざっくりした占いを否定するのは、なんだか変な感じがしますが、
人それぞれなのに、ざっくりわけるから面白いんですがね〜。

そのうち宇宙人が現れたら、
「地球人は〜」
なんて時代になったら、全員一緒の括りになるんだろうな〜。

# 言い訳

170

何年も恋を休んでしまったり、
恋をサボってしまう人の多くは、
何か言い訳を探している人が多い。

「仕事が忙しいから」
「出会いがないから」
「もう年だから」
「太っているから」
「過去にひどい目にあったから」

まあ理由はともかく、
恋愛に言い訳している人は、いつまでも恋ができなくなる。

言い訳したい気持ちはわかりますが、
それは自分が可愛いだけで、恋から逃げているだけ。

世の中には80億人近くもいるんです。
たまたま自分とタイミングが合わなかっただけで、
いい人はいます!!

あなたの運命の人が日本人だとは限らないし、
年齢がとても離れているかもしれない。

**自分で、自分の恋の可能性をなくさないように。**
**言い訳を探す時間があるなら、**
**度胸をつけた方がいい。**

振られても傷つかない人に告白してみるのもいい。
たとえば手の届かない絶対無理な人に、思い切って告白する。
絶対に無理だから、振られてしまうけど、
そこから勢いで恋が始まる場合がある。

恋には勢いが必要だから、
「思い切って付き合っちゃいましょうか!!」
こんなメールが、恋から遠のいている人にはいいかも。

**考え過ぎないこと。**
**恋は、考え過ぎるとドンドン重たくなるから。**

ただ
そう思っただけ。

# 171

MONEY

本当に優しい人が
最強で、
本当の成功者。
どんなに
お金や権力や地位、
有名でも
優しくなければ
本物ではない。

# 他人を認められる人が本物

172

他人を下に見て、他人を馬鹿にしている間は、
何も変わらない。
批判や否定は簡単にできる。

相手のいい部分を探して、
他人を尊敬して、憧れて、認めて、
初めて見えてくることがある。

他人は、どれだけ頑張っているか。
自分がどれだけ努力して、どれだけ頑張ったか、
自分の力がどのくらいか、自分の器がどんなものか、
見えてくる。

馬鹿にすることは簡単で、
そんなことで満足して、成長できるのか？
よく考えれば、そんなことをする意味はないとわかる。

**他人を認めることは、怖いことではない。**
**認められる人は本物だと思う。**

他人の落ち度を見つけて、優越感を得ても何も変わらない。
自分が変わらなければ、いつまで経っても同じ場所にいる。
それでいいの？

**他人は他人。自分は自分。**
**自分のやれることを見失わないように。**

# あらゆる愛を理解できるように

173

大切なことは、愛すること。
愛を感じられるか。

自分を愛し、
家族を愛し、
地域を愛し、
国を愛し、
人類を愛し、
地球を愛す。

次は宇宙を愛す。

自分すら愛せない人がいる。
自分の始まりである家族を愛せない人がいる。
育った地域を愛せない人がいる。
守ってもらっている国を愛せない人がいる。
同じ人を愛せない人がいる。
すべての始まりの地球を愛せない人がいる。

自分のことしか愛せない人と、国のことを愛している人では、
差が出てくる。
国を愛している人と、人類を愛している人でも差が出てくる。
自分のことしか愛せない人と、宇宙を愛する人では、
差がつき過ぎて理解できないどころか、
対立が起きたり、反抗や反発も起きてしまうかもしれない。

環境や地球のことを語る人が、
自己愛が強すぎるとインチキ臭く見えてしまうことがある。
家族愛が強い人からすれば、
人類愛の強い人を理解できないかもしれない。

己がどのくらいの愛のレベルで生きているのか。
どの辺りまで理解できて、どんな愛を目指さないといけないのか。

宇宙愛まで進んでいる人がいる。
自分すら愛せない人もいるのに、そんなに先の愛を語られても。
進み過ぎて不思議で理解できない場合も多い。

まずは自分を愛し、家族を愛し、地域、国、人類、地球、
もっと愛して、もっと愛を感じられるように生きるといい。

**愛が足りない人がいる。**
**愛を感じられていない残念な人がいる。**

**愛を大切に。**
**他人が愛について語ることを嫌う人は、**
**その愛が理解できないタイプか、**
**愛のない人の場合が多い。**

**自分を本当に愛するということは何なのか。**
**それは、すべての人の愛でもある。**
**あらゆる愛を理解できるように。**

# 必ず自分を好きになってくれる人は現れる

174

「必ず自分のことを好きになってくれる人が現れる」
そう信じて、
もっと親切に。
もっと上品に。
もっと笑顔で過ごせば、
幸運も、あなたに見合う人も、やってくる。

他人の評価、他人にどう思われているかなど、どうでもいい。
つまらない人、悪意ある人、心ない人、幼稚な大人、
相手の心情を考えられない人に、評価される必要はないし、
心を乱される必要もない。
「どうでもいい」
そう思って、心の距離をおけばいい。

ぶつかったり、イライラしたり、ケンカになったり、
ヘコんでいるということは、その相手を認めているということ。
「認識している」ということになる。

無視ではなく、心の距離をおく。
同じではないと。

善意を持っていない人に心乱されている間は、
まだまだ己にも善意がないのかもしれない。

それを教えてくれている相手なら、感謝すればいい。
自分はこの程度でイライラしたり、ヘコんだりするのは、
まだまだだな、と。
そんな相手すら感謝の対象にできたら、自分が成長した証。

**善意のない人はどうでもいい。**
**どうでもいいと思って、**
**己の善意や、優しさや、**
**真心を忘れないように、日々生きればいい。**

**人は必ず同じような仲間ができるもの。**
**己の心が「認識できる」人が現れるもの。**

**今の人間関係に問題があると思うなら、**
**それはすべて己が招いている。**
**己が変われば、**
**人も、世界も、人生も変わる。**

175

# 不倫をする人は、悪です

どんな理由があっても、僕は不倫を認めません。

今週は不倫の相談が多かった。
理由はどうあれ、何があろうと、僕は認めません。

相手の奥さんや旦那さん、自分の旦那さんや奥さんの
気持ちを考えていない人。
人の気持ちを考えない人は、被害者ではありません。
立派な加害者です。
悪いことをしている認識のない人が多すぎる。
しかも、妙に被害者ぶる。

「好きだから……」
「愛し合っているから……」

それならちゃんと離婚して、手続きをしてください。
できないなら、
「私はＳＥＸ大好き、お金大好き、欲望のかたまりの人間です」
と言う人の方がましだと思う。

割り切って不倫する人がいる。
お互いに「遊び」
好きも愛もない。

これの方がまだまし。
それでも悲しむ人はいる。
不倫が明るみに出て、
困惑する奥さんや旦那さんや子どもも多い。

特に子どもは影響を受ける。
その子どもの子どもも影響を受ける……受け続ける。

**人は間違える。**
**過ちをおかす。**
**反省や後悔をする。**

**すべてが正しくは生きられない。**
**自分が善でも、**
**他人からは悪かもしれない。**

僕は、「不倫です」の相談は応援しない。

不倫をする人は、絶対的な悪です。
自分さえ良ければいいの？
僕は正義ではありませんし、これは僕の持論です。

ただ、ダメなものはダメ。

MONEY

占いよりも大切な話
ナビ ＃17

# すぐできる お金持ちになるための 実践は話は――

Episode No.

*7, 10, 13, 17, 34, 74*

---

金運を上げる方法を知っていても、
実際に行動に移す人はごくわずか。
足りないのは情報や運ではなく行動力。
まずはやってみて、失敗してそこから学び、
同じ失敗をしないように、また挑戦する。
リスクがあるのは当たり前。
学んで試す勇気と度胸がなければ、
金運は上がっても、お金持ちにはなれないもの。

占いよりも大切な話
ナビ #18

# お金持ちの発想は普通とは逆かもとわかる話は——

Episode No.

21, 26, 30, 40, 49, 57, 63, 84, 171, 193

「人生が上手くいってから感謝しよう」では、
いつまでも人生は上手くいかず、感謝もできない。
「人生が楽しくなったらたくさん笑おう」では、
いつまでも楽しいことも、笑えることも起きない。
「お金持ちになったら親切になって寄付もする」
では、いつまでもお金持ちになれないし、
親切にも生きられず、寄付もしないまま。
すべては逆。
感謝をするから人生が上手くいき始め、
笑顔でいるから楽しくなり、
親切で寄付をする人だからお金持ちになる。
今に満足できなくて、不満や文句が出るなら、
「自分を変えましょう」と信号が出ていますよ。

176

# 見えなくなってしまう魔法

ここにあるはずなのに、
「あれ？　ない？　どこ？」
「ここにあった○○知らない？」
「え？　目の前にあるでしょ？」
自分が思っていたのと少し違うところにあるのに見えなかった。
そんなことは誰にでもあることで。

先日、
「原稿がないない」
怒っている人が誰かに電話をして、アルバイトだと思える若い子が
青ざめた顔でデスクに来て、
「お前原稿どこにやった！」
と怒鳴られていたが、その人のデスクの目の前に置いてあった。
丁寧に封筒に入れて。
その人は「デスクに置いといて」と指示したので、
机の棚やら机周りを探して、まさかの目の前を見逃していた。

問題はガチガチになった心なんですよ。
見えているのに見えないのが人ってもので、頑固になったり、
決めつけをしていると、見えるものも見えなくなる。

見えることが当たり前だと思ってはいけない。
心が凝り固まっていたら、目さえも機能しなくなるのが人間で。

目に見えない人間関係やら相手の思いや考え方を、己の頑固で
「こうだ」と決めつけていたら、もっと見えなくなっている。

日々いろいろな考え方をして、いろいろな角度で物事を考える訓練をしてみるといい。

それは日々の幸せを探すのと同じ。
それは日々の幸せを見るのと同じ。
日々楽しいことや面白いことは、いっぱいある。

気がついていないのは、見えないのは、
「そこには幸せがない！」と思い込んでいる、
あなたのガチガチの心のせい。

**力を抜いて、いろいろな角度から物事を考えたり、**
**単純に考えたり、気楽に思ったりしてみると**
**幸せを簡単に見つけられる可能性はある。**

「ここには幸せがない」
「楽しくない」
「面白くない」
と思ってしまう自分に問題があることを知って、
目の前にある楽しいことや面白いことに気がつきましょう。

**人は「そこにない」と思い込んだら、**
**見えるものも見えなくなる。**
**見ようとする、見つけようとすれば、**
**簡単に幸せは見つかるもの。**

ただ
そう思っただけ。

177

# 人は振り子運動をする生き物

人は振り子運動をする生き物。

平和の中で争いを求め、争いの中で平和を求め、
優しさの中に厳しさを求め、厳しさの中なら優しさを求め、
苦労の中なら楽を探し、楽の中なら苦労を探す。

感情的な人ほど、理論的で冷静さを求め、
理論的で冷静な人ほど、感情を求める。

子どもは大人に憧れ、大人は子どもに憧れ。

振り子のように、人の心や人の考えは揺れる。
揺れないと思っている人でも、揺れている。

それは、人は飽きるから。
飽きて逆を一度目指して、また戻ってくる。

自由を求めていたのに、
束縛や拘束やルールを大切にするようになる。

真面目な人ほど、ふざけたくなる。
いい加減な人ほど、真面目を目指す。

それは成長すること。
それは進歩するのに必要なことで、いつか落ち着く。

その場所がどこなのか、みんな求めてゆらゆら揺れている。
中にはグルグル回っている人もいる。

それは悪いことではなくて、逆のところで何を学ぶか。
自分の逆は何かを知ることが大切で。
「あ〜自分にはこっちが合っていなかった」
それがわかるだけでも、いいじゃないですか。

**自分の不得意や、**
**自分が不運だと思えることを知るのは、**
**とても大切なこと。**

ただ
そう思っただけ。

自分のことばかり
考えて、
相手の気持ちや
立場を
想像しない人に、

# 178

運は味方しない。
もっと
相手のことを考えて
言葉を
選ぶといい。

# 人は人に会うことで
# 運命が変わる

179

人に会えることは、幸運なことで、
人は、人に会うことで、運命が変わることがある。

変な人に会ってしまえば、苦労が始まり、
救ってくれる人に会えれば、幸運が始まることがある。

今を変えたいなら、人に会うしかない。
ドンドン人に会って、会いまくってみるといい。
でもまずは、紹介される人にならないといけない。

しかし、いくら人に会いたいと言っても、
あなたが暗い人、無口で愛嬌もない人、愚痴や不満しか言わない人だったら、誰が人に紹介するだろうか。
考えたら簡単にわかるもので。

笑顔で、元気で、話が面白ければ、
人は、自然にいろいろな人を紹介してくれる。
たとえば、遊びに誘われるということはとてもすごいことで、
些細なことで、誘ってもらえなくなる場合もあるから。

**いろいろな人を見て思ったこと。**
**「面白い人」が最強だと。**

**冗談が通じる。**
**明るい。**
**楽しい。**

**「面白い」はとても魅力的。**

**「面白い」を上手に表現できるといい。**
**相手に合わせて、楽しい空気をつくれれば、**
**それが一番いい。**

笑いは難しいと言われるけれど、
プロになるわけではないし、そんなに難しく考えなくていい。
楽しませようとしたり、面白そうにしていれば、笑顔になるし、
何より自分が面白いと思った話をすればいい。
面白いと感じてくれる人は、どこか似ている部分があったり、
あなたを理解してくれる人だという証拠だから。

大爆笑を狙わなくてもいい。
クスッと笑える話をしたり、失敗談だったり、冗談だったり、
駄洒落でもいいから、ボケるといい。
笑わせようとすれば、周囲は反応してくれるから。

恥ずかしがっているよりも、笑いを優先するといい。

**人は、面白い人が好きだから。**
**「面白い」はとても素敵な才能だから。**

ただ
そう思っただけ。

180

# 恋を勝手に
# 自己完結してはダメ

**恋愛が苦手な人は、自己分析し過ぎる人が多い。**

「自分は、こんな性格だからダメだ」
「自分は、こんな見た目だからダメだ」
など。自己分析をすれば、
そりゃ〜人間ですから、プラスもあればマイナスもある。

そこまでで終われればいいのに、
「だから自分はモテない。こんな自分を好きになる人はいない」
なぜか自分のマイナス面を理由に、勝手に自己完結している。
ここが大きな問題。

自己完結することで悲観的になって、
マイナスになっている部分が問題で。
コンプレックスなんてあって当たり前！
「じゃ〜、どうしたら変えられるのか」
が大切で、それが成長につながる。

**自己完結は、自己防衛でしかない。**

**誰だって傷つきたくはない。**

**でもだからといって、現状から逃げていては**
**時間がドンドン過ぎてしまうだけ。**

**開き直ることも必要。**
**「自分を傷つけたくないから」が**
**「自分を一番苦しめている」になっている場合がある。**

過去は過去で変えられないから、
「あんな自分もいたな」と言い訳をすると、
一瞬は楽かもしれないけど、積み重なってつらくなる。

嫌な思い出があったり、嫌な人もいるけれど、
まずは気持ちを切り替えて、
明るく元気で生きてみると、案外上手くいく。

バカみたいに明るくならなくてもいい。
男性も女性も、
とりあえず笑顔と愛嬌を大切に。

恋愛において、自己完結は勝手にしない方がいい。

# 181

# 雑で甘えん坊は、すごい才能

いいリーダーとは、甘えん坊で、人任せが得意で、雑な人。
リーダーとして仕切るのが上手な人ほど、
他人に任せるのが上手い。

非常にパワフルな甘えん坊。
自分が雑だから、他人の雑が気にならない。
後輩や部下は、
「失敗を許してくれるいい先輩（上司）」
と思うが、実は雑なだけ。
自分が雑だから、他人の雑に寛容になっているだけ。

面倒見がいいところも、雑だからいい。
何でも管理せず、きっちりしない雑なところが、後輩や部下は
「任せてもらっている！」
と思える。雑で甘えん坊だから、いい才能が育つ。

これが真面目過ぎるリーダーだと、
部下や後輩にも真面目を押しつけてしまう。
「自分はこんなにやってきたんだから、同じようにやるように」
真面目な人は、基本的にはドMな人が多いので、苦しい状況や
過酷なときほど「生きている！」と感じるタイプが多く、
これを後輩や部下も同じだと思ってしまう。
ま〜これは苦しいリーダーになる。

理屈が好きで頭が良すぎるリーダーも、ま〜面倒。
「何？」「なぜ？」「どうしてそうなった？」
何でも結果と原因追及。

完璧になるまでやろうとする。
自分が納得するまで仕事するタイプだから、後輩や部下にも、
納得いくまで完璧に仕事をさせてしまう。

何でも頑張ればいい、青春リーダータイプは疲れる。
先輩や上司なのにフレンドリーで、
「悔しくないのか！」
と、精神論と頑張っている姿が好きなタイプ。
結果が出なくても頑張ればいいと思っていて、結果が伴わない。
飲みの付き合いが多く、無駄が多い。
スポーツ感覚で仕事をするので、非常に疲れる。

感情気まぐれリーダーもいる。
何でも勘で決めて、何でもノリと勢い。
理論も数字も考えない直感タイプ。
当たりを引く可能性が高いのはいいんですが、
まぐれ当たりの過去の栄光にすがるタイプ。
「あのとき、あの企画を当てた」
と、後輩や部下からすれば理論もなければ方法論もなく。
ただ宝くじが当たったような仕事ぶりを、後輩や部下に対して
「感覚で勝負だ！」と言うが、そんなに上手く当たるわけがない。

他にもいろいろなリーダーがいますが、
**リーダーや人の上に立つ人は雑がいい。**
**人任せができて甘えん坊で、**
**自分が雑だから、他人が雑でも許せるくらいがいい。**
**あんまりしっかりした人に上に立たれても、**
**周囲は苦しいだけ。いいリーダーとは雑な人。**
ただ
そう思っただけ。

# 失恋は、ちょっと タイミングが悪かっただけ

182

好きな人に好きな人がいて、自分の好きが思い通りにいかなくて、
言いたいことも、伝えたいことも伝えきれないで。

恋はとても切ない。

子どもの頃は、好きな子に好きだって言えば、
それで終わりだった。
「あ〜、あの子は自分のことが好きなんだ。じゃ〜自分も好き」

それが段々好みや理想が積み重なって、
「あの人の○○はダメ」
「タイプではない」
外見や、流行や、周囲の意見に流されたり。

本当に自分を大切にしてくれる人や、
本当に自分のことを好きでいてくれる人を見失って、
あとになって気がつけばいいけど、
気がつかないまま時間が経って、
本当の好きが段々わからなくなってくる。

真面目に生きている人や、何かに一生懸命になっていて、
責任ある立場にいたり、慌ただしい日々を過ごしていると、
恋することを忘れて、気がついたら年齢ばかり重ねて、
自分には何もない、と我に返る。

何のために働いていたのか、何のために生きていたのか、
恋って何なのか、好きって何なのか、
わからなくなって、ふと心に隙間ができたと思われるその瞬間に
現れた優しい人を、人は好きになってしまう。

**恋の多くは相性よりもタイミングで、**
**いつ出会って、いつ一緒にいて、**
**いつ好きになるのか。**

**一つの恋が終わっても、**
**それは自分が否定されたわけではなく、**
**タイミングが悪かっただけ。**

相手に、恋愛をしている余裕がなかっただけかもしれない。
真面目に生きている人は、必ず見てくれている人がいるから。
卑屈になったり、腐ってしまわないで、
不器用でも、本当に良さを見つけてくれる人が現れるから。
タイミングがちょっと遅かっただけ。

恋は、早ければいいわけでもないから。
失恋は、ちょっとタイミング悪かっただけ。
ただそれだけだから。

また日々を楽しく生きればいいと。

# モテ期を注入

「飯田さんに、これからモテ期だよ、と言われて、
本当にモテ始めました！」
と言う人が友人を連れてきて、
「この子にもモテ期を注入してください！」
と言われたが、
僕が言ったからモテ始めたわけではなく、
そんな運気だっただけで。

モテ期は注入できないですからね〜。

183

でも話を聞くと、
「モテ期だよ」
と言われて、
「私は、今モテ期なんだ！」
と思い始めてから、ビックリするくらい誘いが増えたそうで。

運気もそうですが、思い込む力って大切なんでしょうね〜。

「今、自分はモテ期だ！」
と、自分でモテ期を注入するのが一番いいかも。

モテ期は本当にあります。
ただそれに気づかない人が多いだけ。

自分でモテ期を注入しましょう!!

184

RELATIONSHIP

# 「嫌い」ではなく、相手のことを知らないだけ。

185

# つまらなくなったのではなく

**何かがつまらなく思えたら、それは自分が成長したということ。**

子ども向けの本は、大人になれば物足りなくなる。
子どもの頃は難しかったが、
大人になって面白さがわかる本はたくさんある。

子どもの頃に美味しいと思った駄菓子は、
大人になると懐かしいとは思うけれど、
それほど美味しいとは思えなくなる。
それは、自分がいろいろなものを食べたから。

テレビがつまらないとか簡単に言うけれど、
それは、もっと面白いことを知ったり、
自分の視野が広がっただけ。

恋愛も同じで、昔はあんなにときめいたのに、
学生時代と違って自分も成長し、理想が高くなったとも言えるけど、
たくさんの人を見てしまえば、見る目が肥えるのは当たり前で。

つまらないのではなく、自分が成長しただけ。
それと同時に、いつまでも受け身ではいけないということ。

サンタクロースをいつまで待っていても、
そのうちどんなものかわかり始めて。

今度は自分がサンタになれる喜びを知り、
与える側に変わっていかないといけない。
いつまでもプレゼントを待っているから、
段々つまらなくなってくる。

**面白くないな〜。**
**つまらないな〜。**

**そう思ったら自分が成長した証拠。**
今度は、自分が提供する側になっただけ。

186

# 男はハート、女は頭で恋をする

仕事柄、恋愛相談が一番多いですが、
単純に、女性は恋愛を考え過ぎで、
男性は、恋愛に考えがなさ過ぎ。

男性の思っている以上に、女性は、
「あの人は、こう思っているんじゃないか？」
「○○の発言は、あの子のことが好きだからでは？」
「この前の食事では、いい感じだったのに、なんで何もないの？」
「次に何かあるの？」
と、深読みをして、ドツボにはまっている人を、何千人も見ている。

ほとんどの男性は、な〜んにも考えていない。
学生時代や若い頃なら少しは考えていますが、
社会人になると、多くはそのときの勢いとノリで行動している。

この「勢いとノリ」に対して、アレコレと考え過ぎてしまうと、
ややこしくなってくる。

「うん。これは何も考えてないんだな」
と思うと、いろいろなことが見えてくるが、
まあ、冷静な判断をなくしてしまうのが恋だから怖い。

女性は、告白の言葉を待ってしまったり、
それを言われる場所やシチュエーションを期待しているのに、
男性は、そんなサプライズをする考えすらない場合も多い。

では男性は、本当に何も考えていないのか？
というとそうでもなく、
多くの男性はハートを大切にする。

「この気持ちを伝えれば大丈夫！」
と、なぜか「気持ちがあれば女性が動く」
と思っている場合が多い。

この差が、恋の空回りにつながる。
**男性は、気持ちで恋をして**
**女性は、頭で考えて恋をする。**
**最終的には、恋に落ちるとしても、**
**それはお互いのポイントが上手く合った場合。**

勢いで告白した場所が観覧車の中で、
それが彼女にとって憧れの場所だったり、
男性が見栄を張って高級な店に連れて行ったときに、
テンションが上がってしまい、思わず告白したら、
女性は「わぁ〜！　なんてサプライズ！」
と、嬉しい勘違いをしてくれることが多々ある。
この辺のタイミングやポイントが偶然合ってしまうのが、
「相性がいい」ということなんだろうけど。

**女性は考えて恋をして**
**男性は気持ちで恋をする。**

# 運のいい人は

運のいい人は、「自分は運がいい」と言う。
運のいい人は、礼儀正しい。
運のいい人は、順番が待てる。

運のいい人は、上品。
運のいい人は、褒め上手。

運のいい人は、他人の話を最後まで聞く。
運のいい人は、「でも、だって」を簡単に言わない。

187

運のいい人は、楽しい場所は素直に楽しむ。
運のいい人は、メールや電話の折り返しが速い。
運のいい人は、長いメールを送らない。

運のいい人は、時計を身につける。

運のいい人は、運が悪いと言わない。
運のいい人は、運の責任にしない。

運とは、ただ待っていてもこないもの。
日々どうやって過ごすかで、運は変化する。

**運は育てられるもので、運は精神や心に近いもの。**
**積み重ねのある人に、運は必ず味方してくれるもの。**

**運が悪いのではなく、実力不足、努力不足。**
**運がないなら、実力で頑張ればいい。**
**実力で頑張り続けた人には、運が味方するから。**

運のいい人とたくさん出会って、やっぱり共通点があるから、
それをどう思うか。
類似しているなら、同じような行動をすれば似てくるもので、
人はそれほど複雑ではない。

**運がいい、と思うこと。**
**運が悪い、と思わないこと。**

まずは考え方を少しだけ変えてみると、運は溜まってくる。
運を良くするには時間はかかるけれど、時間がかかった分だけ
大きな幸運がやってくる。

自分の運の良さに早く気づいた人は、本当に運がいい。

# 自分好きを超えるくらい、相手のことを好きになれば

188

自分の好きな人には、素直に「好き」と伝えて。

相手の素直な「好き」に、ひねくれてしまうあなたや、
都合のいい関係をつくろうとする相手なら、願い下げ。
「その程度の人だったか……」と一瞬でわかるから、
素直に気持ちを伝えてみるだけで、
本当は、恋や結婚は簡単で単純。

素直な人の言葉に素直に答えられないなら、
それが答えなだけ。

それでも「自分の好きを貫き通したい」と言うなら、
それはもう「好きにすればいいんじゃない？」と思います。
それは、本当に好きなの？
それは、意地じゃないの？
それは、自分のプライドを保とうとしているだけなんじゃない？

それは、本当の恋ではなく、
大好きな自分のことを、好きにならない相手への不満なだけ。

このタイプは、
散々「好きだ！」と言いながら、
相手の文句や愚痴が出る。

このタイプは、
「好きではなく、意地」

「プライドを傷つけられたことに腹を立てている」だけ。

本当の「好き」は、相手の欠点までも好きになることなのに、
交際が始まる前から、相手に対して文句や愚痴が出る時点で、
「自分のことが好き」なだけ。
自分好きが相手に伝わるから、
「好きになってもらえない」だけ。

本気で好きになったら？
本気の恋をしていないでしょ？

自分のことを可愛がってほしい。
かまってほしいだけ。
あなたが好きなのは自分なの。

**自分好きは、他人から好かれない。**
**自分好きを超えるくらい、相手を好きになれば、**
**それこそが「本気」だから、**
**相手にも伝わる。**

**「好き」などと口で言うことは簡単で。**
**本当に好きだったら、**
**自分の「好き」を伝えて。**

**相手が受け入れなかったら、**
**その気持ちを素直に受け入れて諦められる。**
**それも「本当に好き」という態度のひとつ。**

意地を張った時点で、己のことを中心に考えている。
**素直に生きて、素直に恋して、素直に好きと伝えれば答えが出るだけ。**

# 大人になるということは、己の弱さを知ること

189

大人になることは強くなることではなく、己の弱さを知ること。
大人になったら何でもできるようになるわけではなく、
ドンドン何もできなくなる。

社会に出て頑張れば、地位や名誉や責任を背負うようになり、
それは強さでもあるが、それは弱さでもある。
頑張れば頑張るほど、弱さを知る。

何かの専門になれば、他を知らないということ。
何かを極めれば、他を見ることができなくなる。

凄い医者は、凄い家をつくれない。
デザインの天才でも、食材はつくれない。

大人になるとわかる。
頑張れば頑張るほど、己のできないことが増える。

何でもできると思っている間は子どもで。
いろいろなことがつながっているとわからない間は幼稚で。

頑張って、頑張って、己の責任を果たして、
己のできない己の弱さは、他の人にカバーしてもらう。
カバーしてもらえるような生き方をどれだけするか。

**弱さを知るから、自信を失ったり、迷うこともある。**
**弱さを知るから、恋人をつくり、家族を持つ。**

**一人で生きていこうと思う前に。**
**一人で生きていけると思う前に。**

**それはまだ、己の弱さを知らないだけ。**
**それは強いとは違う。**

**頑張っているのとも違う。**
**本当は、弱さから逃げているだけなのに。**

**自分の弱さを認める。**
**それは大人にとって、とても必要で大切なこと。**

**大人になるということは、強くなるのではなく、**
**己の弱さを知ること。**

**己の弱さを認めるということ。**

ただ
そう思っただけ。

# 何事も、ほどほどのところに幸せがある

190

「結婚＝幸せ」だと思っている人は、結婚できない。
結婚するから、確実に幸せになれるわけではない。
人はそんなに簡単に幸せにはならない。

結婚して幸せになるかは、結婚してみないとわからない。

「結婚＝幸せ」だと思い込んでいる人がいる。
結婚して幸せな人も、もちろんたくさんいますが。

問題なのは、「結婚＝幸せ」だからと思って、
「私を幸せにしてくれるのは誰!?」
と甘えているところ。

たとえ結婚しても、
自分が何をしたら幸せなのか、
何をしているときが幸せなのか、
それがわからない人は、何をしても幸せにならない。

誰が幸せにしてくれるの!?

幸せにしてくれる人なんていないし、
なぜ、幸せを他人に委ねるのか。
その人は一生そばにいるわけではない。
幸せは自分で見つけないと。

「幸せの法則」は人それぞれ違うし、
「結婚＝幸せ」だと思わない方が、結婚に近づく。

結婚してから、
「どうしたら幸せになるか」
を考えればいいのでは？

結婚の意味を考えたり、幸せの意味を考えたりしなくていい。
意味は、あとからついてくる。
先に意味を考えるから、結婚が遠のく。

とりあえず結婚したっていいじゃん。
離婚も、それほど珍しくなくなった。

**人生は失敗があるから成功がある。**
**幸せを探すのではなく、**
**幸せは自分でつくるものだから。**

**考え過ぎない。**
**情報を集め過ぎない。**

**知れば知るほど、**
**不幸をたくさん知ることになる。**
**何事も、ほどほどのところに幸せがある。**

# 小さな短気で、大きな幸せを失くさないように

191

**小さなことでイライラするから、大きな幸せを失う。**
「どうでもいい」
いつもそんなことを思う。
そんなことで怒ってどうするの？

思いやりがあれば、怒る必要もない。
感謝の気持ちがあれば、短気も起こさない。
イライラする自分を、自分で何とかしようとしなければ、
同じことを繰り返しているだけだと、なぜわからないのか。

それは他人の責任にしているから。
他人を悪者にしているから。
自分が正しいと思い込んでいるから。
相手の立場になって何も考えていないから。
多くの人は良かれと思って生きている。
悪くしようとするなら、もっとわかりやすい意地悪をするもの。

過度に期待してはいけない。
幸せにしてもらおうと、過度に期待するからイライラする。
イライラして自分で破壊しているだけ。

伝えても相手が理解していないなら、己の伝え方が悪い。
もっと違う言い方をすればいい。
もっと違う表現や、もっと違う言葉を選べばいい。

短気を起こして怒っても、互いに気分が悪くなるだけ。
もう、わかるでしょ?

怒るほどでもないことだと。
「どうでもいい」
そう思って流せばいい。

相手の優しさを探さないと。
どこが優しいのか、どこがいいところなのか。

悪い部分や欠けたところを見ているから、
欠点を自分でほじくるから、イライラするだけ。

**完璧な人はいない。**
**完全な人はいないから。**

望む方が間違っているだけ。
早く学んで、同じことを繰り返さないように。

**どうでもいいことで短気を起こして**
**大きな幸せを失くさないように。**

**短気は損をするだけ。**

ただ
そう思っただけ。

# 出会いがあれば別れもあるもので

人との別れ。それは必ずある。
好きな人とは別れたくない。
でも、別れはいつか必ずやってくる。

誰もがそんなことは知っているけれど、
どこか避けていたい。
いつの日かやってくるその日が、
遅ければ遅いほどいいと思っている。

それはいつやってくるのか。
生きるということは、死と対になっている。

192

陰陽があるのが人生だから、
不運や不幸があっても、人は強く生きなければならない。
何があっても生きるという強さを持って、
引き継がれてきたものが人生。

別れやサヨナラに慣れてしまうのは悲しいことかもしれないが、
慣れるという強さも人には必要で。

別れに、自分のワガママは通用しない。
**人生は、すべて思い通りにはならない。**

大人になるということは、人と別れることだから。
出会いは、だから儚いと。
新たな出会いは、別れの始まりだから。
**人生は思い通りにはならない。**

193

10年後の
自分のための
決断と覚悟が
大切。

# 194

# どん底に落ちるまで気づかない
# 愚か者にならぬように

必ずどん底に落ちる人がいる。

普段はいい顔をして、性格はさっぱりした感じ。
人間関係もうまくこなせるが、
他人を利用することしか考えていない。
役に立たないと思えば簡単に切り、使えなくなったら切る。

悪いことは、すべて他人の責任。
良い結果は、自分のおかげ。
前向きなことを言うが、失敗は他人のせいにする。

都合のいいときだけ出てきて、都合の悪いときは出てこない。
良く言えば、合理主義でシビア。
そんな人は必ず、人生でどん底を味わう。

他人から感謝されたり、他人から恩を返されるように生きる人は、
運気の波はあるけれど、どん底まで落ちることはない。
お金があっても、目標を達成しても、夢や希望を叶えても、
周囲が喜んでくれなければ成功ではない。
感謝される相手がいなければ、
夢も希望も叶ったことにもならない。

人様の役に、少しでも立てるような生き方ができなければ。

**他人のために生きられない人は**
**必ずどん底の生活をする。**

ワガママではいけない。
自分勝手のままでは、必ず勉強になる出来事が起きるもの。
他人は利用するためにいるのではない。
役に立つとか、役に立たないとかでもない。

どんな人とでも、
どうにかして生きていかなければならないもので。

自分の思い通りに他人は動かない。
思い通りに進まないから面白い。
上手に進めないから、互いに知恵を絞るもの。

合理主義は必ず苦労をする。
合理的に生きることは必ずいいわけではない。

人生には無駄が大切で。
無駄な時間を楽しみ、
無駄なことに力を注ぐから、不思議と力がつくもの。

逆の立場を想像できる人になれるように。
相手が自分だったら、どう感じるのか。
相手が自分だったら、どうすることが嬉しいのか。
相手が自分だったら、どんな人に憧れるのか。
時々考えてみるといい。

**自分の幸せは、他人がつくってくれている。**
**他人を大切にすることは、自分の幸せに変わる。**
**どん底に落ちないと気がつかないほど、**
**愚かにならぬように。**

195

# 本当の優しさとは
# 昼間の月の光のよう

本当の優しさとは、昼間の月の光のように。
昼間に月はないように見えて、本当はあるもので。
虹のように素敵な輝きがあるのに、
近づいたら何にもないような人にならないように。

影のように。
暑い日差しを和らげる優しさのように。

人間は、自然に感謝すべきことがたくさんあった。
それをついつい忘れてしまう。

人間は自然が好きなんですが、自然は人間が嫌いだから、
感謝もなく好き勝手やっていたら、ときどき怒るんですよ。

「好きだ、好きだ」と言いながら、
言ってることとやっていることが違う恋人のように、
片思いなのに、結果的に迷惑をかけてしまう恋愛下手のように、
相手の思いを、本気で汲み取ろうとしなければ、上手くはいかない。

そのくせ急に「自然は厳しい」と言う。
地球に言わせれば、厳しいのは人間で。
散々我慢しているんですけど……と。
厳しいと文句を言う方に、大きな原因があるもので、
問題は察することや感謝をすること。

お陰様です。
そこに影があることに「お」をつけて、「様」までつけて。
影にすら感謝できるんですよ。
でも、暑い日差しがないと、影のことは忘れてしまう。
それが人間で。

見えているのは太陽ばかりでも、そこには月の光もあるもので。
役立つとか、立たないとかではなく、
そっと見守ってくれる月がある。

虹ばかりに目を向けないで。
触れることもできない、遠くて実態のないものは、
遠くで見るからいいだけで、それに本気で憧れてはいけない。

何よりも、虹のような人間になってはいけない。
実態のある本物になれるように生きなければならない。
自然はいつも教えてくれる。
人間のことが嫌いだけど、人間の片思いに付き合いながら。
人間は地球が好きだけど、
地球は人間が好きではないけれど、
いつだって優しい。

それに甘えてばかりだと、
ときどき厳しい試練を与えてくれるのが自然。

**優しさに甘えないように。**
ただ
そう思っただけ。

# 運気とは心のリズム

196

自分の占いの最高の実験台は自分。
常に自分の占い通りに動いている。

欲しいものも買わない。
遊びにもいかない。
占いで休めと出るまで休まない。

占い通りに進んで、人はいったいどうなるんだろうか？
常に実験している。

結婚もして、子どもも産まれて、生活も安定した。

占いとは、心のリズムを数字に表しているだけのように思う。
昔の人が人間の心を研究して、そこにはリズムや流れがあることを知った。中国では、それを「気」と言うことが多い。

気の流れ。
心の流れ。
どうすれば心地いいのか。
どうすれば無駄なく流れに乗れるのか。
自分がどんな流れなのかを知るのが占いで。

それに逆らおうとすれば、いくらでも逆らうことができる。
自分の意思で決めればいいし、努力して頑張ればいい。
でも、それでは心が疲れてしまうから。
気が滅入ってしまうこともあるから。

占いというデータで心のリズムを知ることで、
気持ちが安定すれば、
イライラもしないし、ストレスもなくなる。

悪いことがくるのを事前に知っていれば、
「あ〜これか」
と思える。

転ぶことがわかっていれば、受身をとればいいだけ。
ときには、しっかり転んだ方がいいこともある。
怪我をして学べることもあるから。

占いは、「当たる、当たらない」とか
そんな単純なものではなく、
心のリズムと流れを現わしているだけ。

「この時期に出会いがありますよ」は、
「人と会いたくなる時期ですよ」
なんとなくそんな感じ。

自分で実践をしているから、なおさら自信も出てくる。
周囲の人にも、自信を持ってアドバイスできる。

**占いは運気の流れ、心の流れを知るもの。**
**生きている上で、心が楽になる不思議なデータ。**
自分はその実験を、自分で常にしているだけ。

197

# 人間、痛い目に遭わないと
# わからないこともある

先日離婚した知り合いと数年ぶりに再会。
以前とは違い、話し方や、人としてのものの見方が変わっていた。

結婚するまでは、
「年収1000万以下の男は価値がない。不細工な男は近寄るな。
ダサい男は話しかけるな」
などなど、言いたい放題だった。

離婚して数年で再婚することに。
今度結婚する男の話になり、
どうせまた金持ちのイケメンなんだろうな〜と思っていたら、
「外見はパッとしないし、会話もイマイチだけど……、
自分のことを好きでいてくれる。大切にしてくれる」
これまでとはまったく違うタイプの相手だった。

そうそう、それでいいのよ。
やっと気がついてくれた。

「人間、痛い目に遭わないとわからないこともある」

彼女は離婚しなかったら、こんな気持ちがわからなかった。

離婚して初めて、人から本当に好かれることの意味や、
お金や外見だけでなく、もっと大切なことがあると気がついた。

「幸せ一つ、つかみましたね」

**本当に傷つかないとわからない幸せもある。**

**離婚や別れは、つらいことではあるけれど、**
**そこで何を学習するか、何を得るか。**
**そう考えると、世の中には良い離婚もある。**

**人生日々勉強。**
**運が悪いのではなく、学習しないだけ。**

そんな人が多いから……。
人生で学習する人が幸運をつかむ。
ただ
そう思っただけ。

# どんな人にも裏側がある

198

僕の考えでは、運気が悪くなることはない。

**運は、表と裏があるだけで、表のときは自分本来の運気。**
**裏運気は、自分の裏の才能や能力が開花する時期。**

このタイミングとリズムと能力さえわかってしまえば、
運の悪い時期と思われていた時期は、実はまったく怖くはない。

正確には、運気が裏目に出る少し前の準備段階で、
どれだけ準備をしたり、どれだけ勉強しておけるか。
裏目になる前が、とても重要になってくる。

表から裏になる途中に、非常に中途半端な時期がある。
ここで余計なことをしたり、変化を求めてしまう人がいる。

ここでは体調管理をしっかりしたり、
調子に乗らないように心がけたり、
勉強を少し始めてみたりと、準備する必要がある。

それまでの時期は調子に乗っているので、嬉しいことも多く、
何の問題もない時期ですが、今まで６万人以上をみて、
ここでの決断が非常に重要になることがわかってきた。

運気が悪いという時期は、悪いのではなく、己の裏が出るとき。
自分への宿題や、裏の自分を鍛えるとき。
そこで、自分の裏がどんな感じの人間になるのかを事前に理解して
おけば、

「え？　自分ってそんなところがある？」
と否定するよりも
「あ〜、人に見せないところにそんなところがあるな〜」
とわかり、それならこうすればいいのかと理解できる。

裏運気には、裏モテ期、裏お金持ち期、裏ダイエット期、
裏デブ期など、裏になるからできることもあるし、
裏だから評価される場合もある。

不向きなことは、自分主導での決断。
自らの決断で、家を購入、結婚、車を購入などは避けたほうがいい。
ただし、流れの中で、他人が決断したことにして、
他人に任せてしまえば、視野も広がり、いい勉強にもなるもの。

裏目に出るなら、最初から裏を張ればいいだけで、
裏を楽しめば、裏の自分の能力を高められるから、
それはそれで面白い。人生は面白くできている。

ただ、体力と体調に注意がいるだけ。
日ごろ健康な場合は、裏になるから不健康になる。
単純にそれだけ。

どんな人にも裏側がある。
いいときもあれば、裏に出るときもある。

それは悪いときではなく、
「裏になっているんですよ」とわかると、
人生はもっと気楽になるもの。

# 明日、世界に大きな戦争が始まれば

199

**明日、世界に大きな戦争が始まれば、**
**今日までの日々はとても幸せで最高だったことになる。**
**今の不幸や悩みや不安は、大きな不幸で簡単にかき消される。**

あの時のあの不幸や不運も、
巨大な不幸の前では、無に等しくなる。

人は、幸せの中に不幸や不運を探してしまう。
目の向け方を、見方を間違えてしまう。

幸せに甘えて、幸せが当たり前になると、
幸せに満足できなくなる。

同じところばかり見ていられるのは、
悪いことではなく、本当はいいことなのに。

一度、不運や不幸に気がついて、目に入ってしまうと、
ドンドン気になって、現状の幸せを忘れてしまう。
幸せに目を向けなくなってしまうと、
不運や不幸は大きく見えてしまう。
本当はちっぽけなことなのに。

もっと大きな幸せを望んでも、いつか限界がくる。
それ以上はできないことがある。
現実には限界があり、少ない変化の中での幸福でしかない。

本当はとても幸せでいいことなのに、
平穏無事で健康が最高に幸せなのに、
感謝を忘れて不満をためこんで、幸せの基準を変えてはいけない。

**不運や不幸を消すには、大きな幸せがあればいい。**
**そう望む人もいるけれど。**

**不幸を見る目を持ってしまった人は、**
**大きな幸せをつかんでも、同じことを繰り返す。**

**小さな不幸や不運を消すには、**
**もっと大きな不幸をつかむしかなくなる。**

**もっとつらく、もっと過酷な状況になって初めて、**
**「あの頃は幸せだった」**
**そう気づいても、もう遅かったりする。**

**大きな不幸を呼ばないとわからないほど**
**馬鹿になってはいけない。**
**現状の幸せに満足して、日々を楽しむことが大切で。**

不幸に目が行く人は、大きな不幸がやってくるだけ。
そうしないと今の不幸は消えないから。

明日世界に大きな戦争が始まれば、
今日までの日々はとても幸せで最高だったことになる。
そう思うなら、今はとても幸せだということ。

200

# 不運と感じたときほど成長期

「私、運が悪いです」
「最近不運で……」
こんな相談が多い。
まあ、幸せで楽しいときに、占いにくる人は少ないですが。

不運って、なんなんでしょうね〜。
不運は人によって違う。
恋愛（人間関係）。
仕事。
お金。
健康。
人の悩みの基本はこの４つ。
中にはハゲとか体毛が濃いからで悩んだりする人もいますが。

僕は不運のときほど、学ぶことが多いときだと思っています。
「苦手な上司がいるから会社を辞めたい」
苦手な人がいるのは、
今までそのタイプの人と出会わなかっただけ。

苦手なら逃げずに克服すればいいし、学習する時期でもある。
「ああ、こんな人もいるんだ……この人は……
どんな友達がいるんだろう？」
こんな想像をするだけでも面白い。

すべてではないですが、多くの不運には原因がある。

「体調が悪いです」
体調も、ある日突然悪くなるのではなく、少しずつ悪くなる。
生活習慣や食事など、日頃の積み重ねが病気につながる。

「私は不運です」
ではなく、
「不運だと思ったときほど、いろんなことを学ぶとき」
だと思ってください。

**「不運と感じたときほど成長期」**
**人生は長いようで短い。**

**好きなことだけやって生きるのもいいですが、**
**いろいろなことを学ぶのが楽しい。**
**好奇心をふくらませれば、不運も楽しくなる。**

**不運の原因をたどって**
**学習することを忘れないように。**

**ただ**
**そう思っただけ。**

装幀
秋山具義＋山口百合香
（デイリーフレッシュ）
本文デザイン
青木貴子
イラスト
トシダナルホ
古屋あきさ（P10）
編集
伊藤穣

# ゲッターズ飯田の占いよりも大切な話
## ただそう思っただけ

2021年12月23日 第1刷発行
2024年5月7日 第18刷発行

著者 ゲッターズ飯田
発行者 森田浩章
発行所 株式会社 講談社
〒112-8001
東京都文京区音羽2-12-21
電話 編集03-5395-3474
販売03-5395-3608
業務03-5395-3615
印刷所 TOPPAN株式会社
製本所 TOPPAN株式会社


ISBN978-4-06-526585-7 N.D.C. 148 336p 19cm

KODANSHA